열 살 하이디와 함께
알프스에 가다

안종운 지음

이안미디어공작소

프롤로그

나에게 여행은 미지의 세계에 대한 동경에서 시작된 것이 아닐까 싶다.
여행은 늘 새로움에 대한 호기심을 갖게 하고,
새로운 자연에 대한 설렘으로 가슴을 뛰게 하고,
생소한 문화에 대한 경이로움으로 마음을 들뜨게 하고,
낯선 사람들과의 만남에 대한 흥분과 기쁨을 느끼게 한다.

그래서 여행을 할 때마다 상상의 나래를 편다.
'저 모퉁이를 돌면 어떤 모습이 나타날까?'
'저 냇물을 건너면 또 다른 새로움이 있을 거야!'
'힘겹게 고갯마루에 올라서면 또 다른 새로운 세상이 펼쳐지겠지'
'저 마을에는 어떤 이들이 살고 있을까?'
피곤한 줄도 모르고 뒤돌아보는 것도 잊고, 가없이 펼쳐진
홍황洪荒의 광야를 내달린다.

나의 인생 역정도 결국 여행이 아니었을까?
뒤돌아보니 역시 여행이었구나, 싶다.
나는 한국전쟁이 일어나기 2년 전에 태어났다.
내 인생 여정의 시작이었다.

지금 살고 있는 서울에서 정 남쪽으로 꼭 400km, 1000리가 떨어진 시골 마을이다.

전남 장흥군 관산읍 송촌리 197번지, 초가집 세 채가 딸린 어렵지 않은 집에서 태어났다.

70여 호가 옹기종기 모여 사는 산골 오지 마을이었다.

논두렁 밭두렁으로 이어진 길, 뒷산 등성이를 타고 넘는 오솔길로만 드나들 수 있었다.

1980년대 중반까지도 버스가 다니지 않았고, 하물며 전기는 전국에서 가장 늦게 들어온 마을 중 하나였다.

이 오지 마을에서 보낸 어린 시절엔 관산 장터가 동경의 대상이었고, 면 소재지와 5일 장터에 나가보는 것이 소원이었다.

엄마는 4km, 10리가 넘는 장터에 아장아장 걷는 아이를 데려갈 수 없었다.

이른 새벽부터 줄달음해 좋은 자리를 잡아야 제때 푸성귀를 팔 수 있었고, 푸성귀 판 돈으로 생활용품도 사고 아이들 줄 사탕도 사야 했다.

어딜, 아이를 종종걸음으로 걸려 장터에 데려갈 엄두가 났겠는가? 마음이야 굴뚝같았겠지만!

여덟 살이 되어 초등학교에 입학했다.

인생 첫 여행의 시작이었다.

프롤로그

 새로운 곳, 새로운 친구들과의 만남. 이 경이로운 여행을 통해 드디어 어린아이에겐 동경의 대상이자 꿈이던 관산 장터가 현실이 되었다. 그 현실 속, 관산 장터에서 초등·중학교 9년의 인생 초입 시절을 담금질한다.
 초등학생 시절에는 다시 눈을 높여 더 먼 곳을 바라본다.
 관산 장터에서 24km, 60리가 넘게 떨어진 장흥 읍내를 동경한다.
 '읍내에 있는 학교는 얼마나 더 크고 학생 수는 얼마나 더 많을까?'
 '선생님보다 더 높은 군수님이 사신다는데, 어떻게 생겼을까?'
 '읍내에는 서점이랑 극장 같은 것이 있을까?'
 모든 것이 궁금하고 신기해 보인 장흥 읍내였다.
 초등학생인 내게 신비스럽기만 한 장흥 읍내는 수학여행이라는 한 번의 충격으로 다시 현실이 된다.
 장흥 읍내의 현실을 뛰어넘어 이제는 광주와 목포 등 가까운 대도시가 꿈으로 다가온다.
 중학생의 그 꿈은 광주에 자리한 고등학교 유학으로 실현된다.
 설렘으로 가득 찬 가슴 뛰는 신나는 여정의 시작이었고, 그 설렘 속에 광주가 또 다른 새로운 현실이 된다.
 비포장 자갈길과 신작로를 따라 버스에 몸을 싣고 다섯 시간을 달려야 만날 수 있던 꿈의 도회지다.
 큰 야망을 품고, 젊음의 꿈을 찾아 실현해야 할 동경의 도시, 광주였다.

 당시에는 '순전히 촌놈이' 이제 더 이상 갈래야 갈 수 없는 종착의 무대로 여겨졌다.

 젊음을 불태우러 간 여행의 끝, 마지막 종착지로 여겨진 광주였다.

 그러나 광주라는 무대에 서자 더 먼 곳의 신기루가 다시 한번 호기심을 자극한다.

 그 신기루는 바로 서울이었다.

 신기루에 대한 도전, 두렵고 경이로움으로 가득 찬 뜻하지 않은 꿈의 시작이다.

 당시, 관산 깡촌에서 자란 촌놈으로서는 언감생심 꿈조차 못 꾸던 곳, 신기루 같은 서울이 새로운 여정의 목표가 되었다.

 엄청나게 큰 꿈, 광주가 현실로 이루어지니 무서울 게 없었다. 가슴속을 파고드는 또 하나의 더 큰 꿈, 서울이었다.

 두 손을 가슴에 대고 물방아처럼 뛰는 심장의 고동을 느끼면서 끓어오르는 청춘의 피를 달래야 했다.

 어린 시절 꿈조차 꿔보지 못한 서울에서의 새로운 대학 생활이 시작되었다.

 광주라는 무대, 광주고등학교가 내게 준 가장 큰 '자극과 동기'의 결과였다.

 대망의 꿈이 이뤄진 것이다.

프롤로그

 현실이 된 서울 생활. 서울대학교 농과대학에 다니면서 '어딜 향해 더 가보겠다'는 꿈을 접고 대신 '무엇을 해보겠다'는 야망의 꿈을 일구기 시작했다.
 농학이라는 생명과학에 대한 야망보다는 당시 암울했던 농촌의 현실을 좀 더 밝게 만들어보겠다는 열정이 더 컸던 것 같다.
 과학도로서 농학 전공의 틀을 깨고 행정고등고시에 도전해 농업 정책가의 길을 걷게 되었다.
 한 톨의 밀알이 되어 농부의 길을 걷느니 관리자가 되어 정책의 물꼬를 바로잡아보겠다는 야심 찬 인생 여정이 시작되었다.
 공직자로서 새롭게 시작된 인생 여정에 또 한 번 큰 충격이 다가왔다. 미국 유학의 꿈이 실현된 것이다.
 기쁨 그리고 긴장과 흥분으로 가득한 새로운 여정이 시작되었다.
 공직자 국비 유학 제도의 첫 수혜자였다.
 30여 년 전 장흥의 한 작은 깡촌에서 나고 자란 시골뜨기에겐 진천동지震天動地와도 같은, 하늘을 울리고 땅을 진동시킬 엄청난 사건이었다.
 또다시 드넓은 세상을 향한 여정을 시작했다.
 문화도 새롭고, 언어도 다르고, 자연 풍광이 이채로운, 그야말로 호기심을 자극하는 여정이었다.
 모든 것을 새롭게 보게 하는 인생 여정의 꽃이었다.

어린 시절, 5일 장터에도 나가볼 수 없던 촌뜨기가 동경과 호기심에 이끌리고, 노력과 열정으로 이뤄낸 지금까지 결코 짧지 않은 여행이었다.

그 과정에서 느낀 설렘과 경이로움, 여행길에 함께한 열정과 흥분, 긴 여정의 길목에 포근히 안겨온 행복과 기쁨, 이 모든 것이 나의 인생 여정이었다.

이제 긴 여정을 마감해야 하는 길목에 들어서고 있다.

내가 벌써 '종심從心'의 나이란다.
'종심'은 일흔 살을 비유적으로 일컫는 말이다.

공자의 논어 〈위정편爲政篇〉의 '七十而從心所欲 不踰矩칠십이종심소욕불유구'라고 한 데서 유래한 말이다.

'나이 일흔에 마음이 하고자 하는 대로 하여도 법도를 넘어서거나 어긋나지 않았다'는 뜻이다.

논어에는 사람들의 여정에 따른 경지가 잘 표현되어 있다.
吾十有五而志于學오십유오이지우학,
三十而立삼십이립,

프롤로그

四十而不惑사십이불혹,

五十而知天命오십이지천명,

六十而耳順육십이이순,

七十而從心所欲 不踰矩칠십이종심소욕 불유구

'나는 나이 열다섯에 학문에 뜻을 두었고,
서른에 뜻이 확고하게 섰으며,
마흔에는 미혹되지 않았고,
쉰에는 하늘의 명을 깨달아 이해하게 되었고,
예순에는 남의 말을 듣기만 하면 그 이치를 깨달아 이해하게 되었고,
일흔이 되어서는 무엇이든 하고 싶은 대로 하여도 법도에 어긋나지 않았다'라고 했다.

벌써 내 나이가 일흔, 종심의 경지에 이르렀다.

그렇다면, 어느새 내가 쉰 살의 '지천명知天命', 예순 살의 '이순耳順'을 지나, 공자가 최종적으로 도달한 여정의 경지인 종심에 이르렀다는 말이다.

종심이란 그냥 생각나는 대로 행해도 법도에 맞고 도리에 어긋나지 않는다는 말이 아닌가?

'마음 내키는 대로

마음이 시키는 대로

마음이 하고자 하는 대로

마음이 가는 대로

마음이 원하는 대로 해도

법도에 어긋남이 없고 도리에서 벗어남이 없이 행할 수 있다'는 나이다.

종심의 나이에 잠깐 멈춰 서서 생각해본다.

쏜살같이 훌쩍 지나가버린 여행의 세월, 되돌릴 수는 없다.

프롤로그

그렇다면 앞으로 남은 나의 인생 여정에도 여전히,
'호기심에 가득한 동경의 대상이 있을까?'
'가슴 설레게 할 경이로움이 있을까?'
'혼을 멍하게 만들 경이로움이 나타날까?'
'가슴 뛰게 할 흥분과 열정이 일어날까?'
이런저런 생각을 하다가 아서라, 다시 또 여행의 시작이다.
다른 의미의 새로운 여행길에 올라보자.
이제부터는 주유천하周遊天下, 산천경개山川景槪 두루 살피면서 여행다운 여행을 해보자.
휘휘 젓고 돌아다니면서 살아온 발자취도 더듬어보고 지나쳐온 세상도 되돌아볼 겸!

그래서 열 살 손녀의 손을 잡고 스위스 알프스 여행을 간다.
함께 돌아다니면서 내 인생의 역정도 들려주고, 요 녀석의 궁금증도 풀어주고, 제 인생 꿈도 키워보라고 거들어주고 싶었다.
너무 어려서 먼 훗날 올바로 기억이야 할까마는, 그래도 새로운 것을 보고 듣고 느끼면 조금이라도 도움이 되겠거니 하는 생각에 보람을 갖는다.

여행 중 손녀에게 〈금강경〉에 대한 얘기를 해주었다.

그 뜻을 온전히 이해하지는 못하겠지만, 한두 마디라도 기억할 수 있었으면 하는 할아비의 바람을 가져본다.

사실 나도 〈금강경〉을 다 이해하지 못한 상태지만, 그래도 책을 읽어가면서 알기 쉽게 풀어주려고 애썼다.

법륜 스님의 〈금강반야바라밀경〉,

용성 스님의 〈백용성의 금강경강의〉,

무이 스님의 〈금강경 선해〉,

정화 스님의 〈금강경〉 그리고

불광출판사의 〈도해 금강경〉 등 그동안 시간 날 때마다 짬짬이 읽은 책을 참고했다.

특히 법륜 스님의 말씀을 그대로 인용해 어린 손녀에게 얘기해준 것이 많고, 글 중 〈금강경〉 원문은 법륜 스님의 〈금강반야바라밀경〉에서 옮겼다.

여행길에 법륜 스님의 책을 가져갔기에 옮겨 적을 수 있었다.

법륜 스님이 해량海量하신 마음으로 나의 만용을 사하여주시길 간곡한 마음으로 빈다.

대신 이후 나의 남은 여정, 늘 〈금강경〉의 '사구게'를 가슴에 품고 주유하리라 약속드린다.

알프스에 가다

목 차

프롤로그   4

1. 파리 Paris
손녀 솔이와 함께 유럽 여행을 떠나다   19

2. 벤겐 Wengen
무지개 꿈을 꾸다   45

3. 융프라우 Junfrau
순백의 정상에 오르다   69

4. 뮈렌 Mürren
알프스 오지 청정 마을에 가다   121

5. 쉬니게플라테 Schynige Platte
향기로운 야생화 고원에 가다   **155**

6. 피르스트 First
하늘 아래 첫 동네   **181**

7. 마터호른 Matterhorn
'초원의 봉우리'에 오르다   **225**

8. 마터호른 Matterhorn II
'황금호른 Goldenhorn', 노다지를 캐다   **253**

파리 Paris

파리 Paris
손녀 솔이와 함께 유럽 여행을 떠나다

 손녀 솔이와 함께 유럽 여행을 떠난다. 가슴이 설레고 괜히 콩닥콩닥 떨리면서도 뿌듯하다. 한편으로 감동이 일면서 그동안 겪어보지 못한 흥이 일렁인다.

 솔이가 햇수로는 열 살이지만, 1년의 마지막 늦은 달에 태어났으니 이제 겨우 여덟 살이라야 맞다. 이렇게 어린 손녀와 동행해 유럽의 지붕 알프스 트레킹 여행을 하다니, 가슴이 설레고 감동이 밀려오는 건 너무도 당연한 일이다.

파리 Paris

 비행기가 달라서 솔이는 자기 부모와 함께 A항공을 타고 두 시간 먼저, 우리 부부는 뒤를 이어 K항공으로 인천공항을 출발한다.
 오후 늦게 파리 샤를 드 골Charles de Gaulle 공항에 도착했다. 먼저 도착한 솔이가 엄마 아빠와 함께 공항에서 우리를 기다리고 있었다. 택시 승강장에서 만나 시내까지 50유로 정액으로 가는 택시를 탔다. 길이 자주 막히고 러시아워에 걸려 차가 정체될 때는 이런 정액제 택시가 낫다. 유럽의 공항에는 이런 공식 택시가 운행되고 있다. 여행객의 편의를 위해서는 바람직한 운영이 아닌가 싶다.

 볼거리가 밀집해 있는 파리 시내 한가운데 자리한 숙소에 도착했다. 우리는 조금 복잡한 골목길 초입에 있는 건물 2층의 숙소에서 머물기로 했다. 유럽 특유의 비좁고 갑갑한 엘리베이터를 타고 오르면 방 두 개에 거실이 딸린 조그만 아파트가 눈앞에 나타난다. 처음에는 답답할 것 같아 약간 실망했지만, 시내를 구경하기도 편하고 마트나 음식점도 찾기 쉬운 위치 덕분에 불만은 금세 사그라들었다. 시내 한복판에 자리한 숙소답게 저녁에는 밖이 꽤 소란스러웠다. 골목 아래층에서 사람들이 술과 음식을 즐기며 떠드는 소리가 침실까지 파고든다. 밤이 깊어지자 다행히 잠을 방해하지 않을 만큼 소음이 잦아들었다. 피곤한 하루 여행을 마감하는 파리의 첫날 밤이 달콤한 잠과 함께 지나간다.

손녀 솔이와 함께 유럽 여행을 떠나다

파리 Paris

 솔이도 파리에서의 첫날 밤을 차분하게 잘 보냈다. 저녁에는 작은 골목 식당에서 피자와 샐러드를 먹었는데, 그 모습이 아주 익숙해 보인다. 서울에서의 외식과 별반 차이가 없어서인가? 타지라는 티가 나지 않는다. 좁은 숙소에 들어와서도 식구들과 떠들면서 재잘거리고 깔깔거리며 잘 논다. 피곤한 줄도 모르고, 낯가림도 없이, 바뀐 물맛을 트집 잡지도 않고 그냥 순하게 넘어가 준다. 고마운 일이다. 까탈이라도 부리면 어쩌나 싶었는데, 기우였으니 천만다행이다.

손녀 솔이와 함께 유럽 여행을 떠나다

 다음 날 아침 7시, 근처에 있는 바스티유 시장Marché Bastille에 가는 것으로 하루를 시작했다.
 유럽의 도시들은 주말 시장이나 야시장을 열어 신선한 농산물과 햄·베이컨 등 가공식품, 가벼운 옷가지를 사고판다. 바스티유 시장도 바스티유 광장 한쪽에 있는 공원에서 주말마다 열리고 있다. 이른 아침이라 사람이 많지는 않지만, 진열된 물건은 다양하다.

파리 Paris

"하삐, 여기는 왜 도시 한가운데에서 이런 시장이 열리는 거야? 마트 같은 상점도 많을 텐데."

"흠, 솔이가 꽤 관심이 많아 보이네. 유럽의 오랜 전통이야! 유럽의 도시에서는 오래전부터 이렇게 주말에 한가한 빈터를 이용해 신선한 농산물이나 농가에서 직접 만든 가공품 등 식자재, 조그만 회사에서 만든 옷가지를 팔도록 해주고 있단다. 도시 사람들은 농민들에게 좀 더 싸게 살 수 있고, 또 방금 농장에서 가져오니 채소나 과일 등이 신선하고 맛도 더 좋지. 농민들도 농작물이나 가공품을 다른 상인들한테 싸게 파는 것보다는 좀 더 비싸게 팔 수 있어 좋고. 그래서 생산자도, 도시 소비자도 이익인 일거양득이지. 도시의 주말 시장은 모두에게 이익을 주는 아주 좋은 방법이란다."

손녀 솔이와 함께 유럽 여행을 떠나다

파리 Paris

손녀 솔이와 함께 유럽 여행을 떠나다

"하삐, 일거양득이 뭐예요? 왜 나한테 그렇게 어려운 말로 설명하는 거야? 쉽게 말해주면 좋을 텐데!"
"아참, 미안해. 일거양득이란 한 가지 일을 해서 두 가지 이익을 얻는다는 말이야. 혹시 일석이조라는 말을 들어본 적이 있니?"
"그 말은 들어봐서 알아요. 돌멩이 하나를 던져 새 두 마리를 잡는다는 뜻이지. 아하, 그 말이나 일거양득이나 같은 뜻이겠구나! 맞죠? 하삐!"
"그래, 솔이가 제법인데!"
"하삐, 근데 파리는 큰 도시인데 어디서 농부들이 농산물을 이렇게 일찍 가져올 수 있어요? 시골은 아주 멀 텐데. 파리에는 도시 안에 논도 있고 밭도 있나?"
"파리 근교에는 아주 넓은 평야가 있고, 그 평야에 농장이 많단다. 여기 파리도 이런 평야 위에 만든 도시라 파리에서는 산을 볼 수가 없지. 파리 가까운 농장에서 채소랑 과일이랑 또 우유로 만든 치즈랑 가지고 와서 팔고 있단다. 여기서 한 시간 정도면 파리 근처 시골 농장에 갈 수 있을 거야. 그리 멀지 않아. 서울도 한 시간만 근교로 나가면 시골 농촌이잖아! 어느 나라나 농부들은 부지런해서 한 시간 거리는 아무것도 아니지."

파리 Paris

"하삐, 근데 우리나라에는 주말 시장 같은 게 없어요?"

"우리나라도 한때는 서울 같은 큰 도시에서 주말 시장이나 야시장을 열기도 했지. 그런데 요즘은 인터넷처럼 온라인 시장이 발달해 파리 같은 주말 시장이 시들해져 잘 안 되는 것 같더라. 우리나라도 20여 년 전만 해도 생산자와 소비자가 중간 상인인 마트 등을 거치지 않고 직접 사고팔면 좋다고 해서 장려하곤 했지. 그러나 요즘은 농민들이 시골에서 서울까지 차로 채소나 과일 등을 직접 싣고 와서 파는 것이 인터넷이나 상인들을 통해 파는 것보다 비용이 더 비싸게 먹힐 거야. 그래서 우리나라에서는 주말 시장이나 야시장의 이점이 없어져 지금은 잘 안 되고 있다고 봐야겠지."

손녀 솔이와 함께 유럽 여행을 떠나다

파리 Paris

솔이의 궁금증을 풀어주면서 이곳저곳 시장을 훑고 지나간다. 파리에 오면 늘 그렇듯이 바게트에 맛있는 햄, 특히 살라미를 넣어 먹는 것이 나의 즐거움 중 하나다. 바게트 겉이 딱딱하게 씹히고 바삭함에 이어 부드럽게 녹아드는 속살과 함께 혀끝을 자극하는 살라미의 짭조름함이 늘 입맛을 홀린다.

오늘도 기다란 바게트에 두툼한 햄과 얇게 썬 살라미를 사 들고 숙소로 돌아간다. 현지인처럼 아침을 해결하고 싶어서다. 파리의 바게트 빵은 전쟁 당시 군인들이 행군하면서 개인 식량을 각자 가지고 갈 수 있도록 하기 위해 고안된 것이라고 한다. 이 기다랗고 빳빳한 빵을 총이나 칼과 함께 허리에 차고 고난의 행군을 한 군인들을 상상하니 그 모습이 우습기도 하고 안쓰럽기도 하다.

잠시 바게트를 사 들고 서서 바스티유 광장에 모여든, 바게트를 허리께에 찬 병사들의 모습을 상상하니 피식 웃음이 나왔다.

손녀 솔이와 함께 유럽 여행을 떠나다

파리 Paris

 아침 식사를 간단히 마치고 '루브르박물관Musée du Louvre'에 가기 위해 숙소를 나선다. 지하철로 몇 정거장 안 되는 비교적 가까운 거리에 '루브르'가 있다. 복잡한 지하철역에서 내려 루브르까지 잠깐 걸어간다. 입구에 도착하니 웬 젊은이들이 시끌벅적 달려들어 요란을 떤다. '아하! 집시 같은 녀석들이구나.' 직감한 나는 가족들을 단단히 주의시킨다. 우리나라 길거리에서 보던 것처럼 ○○ 서명을 해 달라고 조르면서 달라붙는다. 한두 팀이 아니다.

"솔이랑 모두 정신 바짝 차리고 가방 조심해라. 이 녀석들, 사람들한테 달라붙어 가방 속 물건을 가져가는 데 선수들이다. 손으로 꽉 잡고 빨리 가자!"

 그래도 정신을 못 차리게 옆에 바짝 달라붙어 야단법석을 떤다. 호통을 쳐서 떼어놓고 발걸음을 재촉해 입구 안쪽으로 들어가 재빨리 벗어난다.

 휴우, 한숨 돌리고 소지품을 하나하나 점검한 후에야 루브르 구경에 나선다.

손녀 솔이와 함께 유럽 여행을 떠나다

파리 Paris

 넓은 광장 한가운데 서 있는 랜드마크인 유리로 된 삼각뿔 기둥을 보면서 파리의 루브르에 왔음을 실감한다. 삼각뿔 유리 기둥을 잡아 올려 사진을 찍고, 광장을 이리저리 돌아다니며 루브르의 겉모습을 눈에 담는다.

"솔아, 이제 루브르박물관에 들어가볼까? 지하에 어마어마하게 넓은 전시실이 있는데, 이곳에 소장된 미술품이나 조각품을 다 보려면 아마 하루도 모자랄 거야."

"하삐, 하삐는 루브르박물관에 들어가봤어요?"

"그래, 하삐는 루브르박물관에 딱 한 번 들어가봤지. 파리를 두 번째 방문한 1980년대 중반 '모나리자'를 보기 위해 들어가본 적이 있단다. 그때도 시간이 없어서 '모나리자'만 보고 나왔지. 당시 함께 온 사람들도 예술에는 흥미가 없었는데, 그래도 눈썹이 없는 '모나리자' 그림은 꼭 직접 보자는 마음에 모두 함께 들어가 정말 '모나리자'만 보고 나왔단다. 다른 전시들은 보는 둥 마는 둥 하고. '모나리자' 앞에서 사진을 찍다가 박물관 직원한테 혼난 기억이 지금도 생생하지. 그 후론 아직 들어가보지 못했단다."

손녀 솔이와 함께 유럽 여행을 떠나다

"하삐, 나도 오늘은 루브르박물관에 안 들어가고 오르세 미술관에 가고 싶은데, 괜찮겠죠? 나는 고흐의 그림을 보고 싶거든. 이번엔 꼭 오르세 미술관에 갈 거예요!"

"좋아, 루브르는 다음에 더 커서 차분하게 볼 기회가 있을 테니, 오늘은 솔이 말대로 오르세로 가자."

루브르는 밖에서 구경만 하고 오르세로 간다.

루브르에서 센Seine강을 가로지르는 다리 위를 걸어, 강줄기를 타고 오르내리는 배들을 구경하면서 도착한 미술관이다.

'오르세 미술관Musée d'Orsay'이다.

오르세는 루브르박물관, 퐁피두센터Centre Pompidou와 함께 파리의 3대 미술관 중 하나로 손꼽힌다.

파리 Paris

 옛 오르세 기차역Gare d'Orsay을 개조해 1986년 미술관으로 재탄생했다. 주로 19세기 작품을 전시하는 미술관으로 알려져 있다. 특히 에두아르 마네Édouard Manet, 클로드 모네Claude Monet, 빈센트 반 고흐Vincent van Gogh를 비롯한 19세기 인상파 화가들의 작품이 많은 관람객의 사랑을 받고 있다.
"하삐, 나는 고흐의 그림을 좋아하는데 왠지 알아요?"
"아니 잘 모르겠는데. 고흐의 그림을 왜 좋아하는데?"
"구도도 좋지만 색감이 너무 좋아요. 강렬한 색이 나에겐 너무 감동적으로 느껴져요!"
 손녀와 함께 파리에 온 덕분일까. 고흐, 고갱, 세잔 등의 작품을 이토록 마음을 써가며 감상한 적이 있었나 싶다.

손녀 솔이와 함께 유럽 여행을 떠나다

파리 Paris

 오르세 미술관 탐방을 마친 우리는 다시 루브르박물관을 지나 퐁피두 광장을 거쳐 개선문으로 향했다. 모두 걸어서 갔다. 오늘의 강행군으로 피곤할 텐데도, 솔이는 개선문 꼭대기 테라스까지 기어이 올라가겠다며 고집을 피운다.

손녀 솔이와 함께 유럽 여행을 떠나다

 예전에는 시간을 핑계로 오르지 않던 개선문 꼭대기를 오늘에야 올라가본다. 개선문 꼭대기에 오르자 파리의 모습이 어느 도시보다 아름답고 깨끗해 보인다. 파리의 새로운 모습을 체험하고 하루를 마감하면서 손녀와 약속을 하나 했다.
 "오늘 개선문 테라스에 올라갈 수 있게 해준 너에게 내일 한 가지 소원을 들어주마, 고맙다."
 손녀와의 약속을 꼭 지켜야지 다짐하면서 내일의 파리를 기대한다.

파리 Paris

 다음 날 아침, 몽마르트르Montmartre 언덕에 갔다.

 여기저기 앉아 그림을 그리는 화가들의 모습이 보인다. 몽마르트르 언덕에 자리한 사크레쾨르 대성당Basilique du Sacré-Cœur 안을 한 바퀴 둘러보고 광장에 나와 길가 벤치에 눌러앉아 음료수를 마시면서 풍광을 즐긴다. 한참을 쉬면서 화가들의 손놀림을 구경했다.

손녀 솔이와 함께 유럽 여행을 떠나다

이제 다시 자리를 털고 일어나 에펠탑을 보러 간다.

에펠탑에 도착하니 탑 꼭대기에 오르려는 사람들이 길게 줄 서 있었다. 몇백 미터는 족히 되어 보였다. 솔이가 기어이 에펠탑 꼭대기에 오르겠다고 또 고집을 부렸다. 나는 그 긴 줄의 기다림에 지쳐서 포기했다. 솔이는 엄마, 할머니와 함께 2~3시간을 기다렸다가 324m의 에펠탑에 올랐다. 물론 솔이 아빠는 고소공포증을 핑계 삼아 오르지 않고 나와 함께 아래에서 기다렸다.

파리 Paris

손녀 솔이와 함께 유럽 여행을 떠나다

 오전에 몽마르트르 언덕에 안 가겠다고 해서 에펠탑에도 오르지 않겠지 했다가, 손녀에게 의표를 찔린 역습을 당한 꼴이 되었다. '밑에서 기다리기보다 그냥 함께 올라갈걸' 하는 후회와 함께 몇 시간을 지루하게 보냈다. 뿌듯한 표정으로 의기양양하게 내려온 손녀를 반갑게 맞은 뒤 택시를 타고 숙소로 돌아왔다.

 또 하루가 지났다.
 참, 소원을 들어주기로 한 어제의 약속. 몽마르트르 언덕에서 어느 화가의 그림 한 폭을 마음에 들어하는 손녀를 위해 선뜻 지갑을 열어 그 그림을 사주었다. 파리에서의 마지막 날, 약속을 지키니 기분이 좋았다.

벤겐 Wengen

벤겐 Wengen
무지개 꿈을 꾸다

오늘 하루는 정말 긴 여정이었다.

더구나 열 살 꼬맹이와의 동행으로 이렇듯 긴 여행은 난생처음이다. 파리 숙소를 떠나 스위스 알프스로 향한 것이 아침 8시 30분이다. 숙소 근처 샤틀레레알Châtelet-Les Halles역에서 파리의 지하철 RER-A를 타고 한 정거장 만에 리옹Lyon역에 도착했다. 11시 23분발 뮐루즈Mulhouse행 TGV를 타기 위해서다. 두 시간여 동안 리옹역 이곳저곳을 샅샅이 구경하면서 시간을 보냈다.

지루할 것 같은데도 솔이는 스위스라는 새로운 나라에 대한 기대와 설렘으로 잘 견뎌주고 있다. 기특하기도 하고, 약간은 미안하기도 하다. 좁은 공간에 오래 머물지 않도록 배려했어야 하는 것 아닌가 싶기도 하고.

벤겐 Wengen

잠깐,

파리의 지하철 시스템에 대해 짚고 넘어갈 것이 있다.

파리의 철도 교통은 세 개의 시스템으로 운영되고 있다.

첫 번째가 메트로Metro, 즉 지하철이다. 1~14호선이 있는데, 완행 지하철로 보면 된다.

다음은 RER 급행 지하철이다. A~E호선이 있다. A·B라인은 파리교통공단(RATP)에서, C~E라인은 프랑스 국유철도(SNCF)에서 관리하고 있다.

RER라인은 Metro라인 3~4역당 한 번씩만 정차하므로 같은 구간을 갈 때는 RER이 빠르다.

마지막으로 트램Tram이 있다. 지상으로 다니는 전철이다.

파리 시내 곳곳에 교통지도가 잘 비치되어 있으니 가고자 하는 곳을 찾거나 대중교통을 이용하는 데 큰 불편은 없다.

무지개 꿈을 꾸다

벤겐 Wengen

 TGV는 정시에 출발한다. 날렵한 유선형에 매끄럽게 치장하고 소리 없이 철로 위를 미끄러져 나간다. 얼마 지나지 않아 프랑스의 넓은 평원이 차창 밖으로 펼쳐져 숲과 논밭의 밀을 품에 안고 출발지를 향해 거꾸로 빠르게 내달린다. 파리에서 동북쪽 뮐루즈를 향해 달리는 기찻길은 평원의 연속이다. 농업 국가인 프랑스의 산업 심장부를 쉼 없이 내달린다. 솔이는 평생 처음 원의 한가운데를 뒹굴듯이 달려가고 있다. 기차 안에서 엄마 아빠와 끊임없이 재잘재잘 조잘조잘, 신이 난 듯했다.

 차창 밖으로 누렇게 익어가는 드넓은 밀밭을 보면서 우리 꼬맹이 아가씨는 어떤 상상의 나래를 펼치고 있을까?

무지개 꿈을 꾸다

벤겐 Wengen

아마도 마음속에……

        잠자리가 씽씽 하늘을 나네
        우리들도 씽씽 날고 싶구나
        물오리가 동동 물 위에 떴네
        우리들도 동동 뜨고 싶구나

           씽씽 동동
         우리들은 즐거운

         여름 어린이

                                  윤석중 '씽씽 동동'

무지개 꿈을 꾸다

벤겐 Wengen

무지개 꿈을 꾸다

 잠자리처럼 씽씽씽 하늘을 날면서 파란 들판 이곳저곳에 꿈을 심고 싶겠지.
 빨강 꿈, 주황 꿈, 노랑 꿈, 초록 꿈, 파랑 꿈, 남색 꿈, 보라 꿈…….
 무지개 색깔로 피어오른 꿈의 날개를 저 푸른 하늘로 띄워 보내고 있을 터다. 어릴 적엔 들녘에 나타난 무지개를 보면서 푸른 하늘 저 언덕 너머에 무엇이 있을까, 상상하며 두둥실 무지개를 타고 희망을 찾아가는 달콤한 꿈을 꾸곤 했다. 친구들과 함께 본 무지개 너머 아름다운 세상에 대해 도란도란 이야기꽃을 피우면서.

벤겐 Wengen

생각에 잠겨 조용히 앉아 있는데, 갑자기!
"하삐, 아빠가 빨리 오래요!"
숨을 몰아쉬듯 솔이가 다급한 목소리로 나를 부른다.
"응? 왜?"
"아! 아빠가 그러는데, 이 기차에 식당칸이 있대. 지금은 사람들이 없어서 한가하니까 하삐하고 맥주 한잔하실려고 그런 것 같아요."
"빨리 가즈~~~아!"

 사람들로 붐비던 식당칸이 점심때를 넘기고 종착역이 가까워지니 한산했다. 우리 세 사람은 텅 빈 식당칸에서 선 채로 솔이는 조잘조잘, 솔이 아빠와 나는 시원한 맥주를 마셨다.

무지개 꿈을 꾸다

벤겐 Wengen

 오후 12시 17분, 알프스 여행에 대한 기대를 품고 즐거운 마음으로 뮐루즈에 도착했다.

 이곳에서 다시 2시 46분 기차를 타고 스위스 바젤Basel로 향한다. 이제부터는 스위스 기차를 타야 한다. 뮐루즈역이 공사 중이라 바젤행 기차로 환승하는 플랫폼까지는 생각보다 많이 걸어야 했다. 솔이가 처음으로 자기 가방을 직접 끌고 힘든 길을 가야 한다. 솔이는 야무진 목소리로 자기 가방은 자기가 끌겠다고 했다. 어린 나이지만 당차게 가방 끄는 모습을 보니 괜한 걱정을 했구나 싶다. 솔이에게 독립심을 심어주는 좋은 계기가 되었으리라!

무지개 꿈을 꾸다

벤겐 Wengen

 뮐루즈와 바젤은 조금 특이한 도시다. 스위스 바젤, 프랑스 뮐루즈, 독일 프라이부르크Freiburg 등 3개 도시가 국경을 접해 꼭짓점을 이루면서 3개의 도시가 마치 하나처럼 건설돼 있다. 몇 해 전 남프랑스와 스위스 그린델발트를 여행하고 다시 파리로 가서 귀국하는 스케줄이었는데, 그때 바로 이곳 공항을 이용했다. 같은 비행기를 이용하는 데도 각 나라별로 입구를 달리해 수속을 밟고 있었다. 스위스에서 타는 사람은 바젤 출국장에서, 독일에서 타는 사람은 프라이부르크 카운터에서, 프랑스에서 타는 사람들은 뮐루즈 탑승구에서 수속을 마친 후 대합실에서 합류해 같은 비행기에 탑승하게 된다. 3개국이 하나의 공항을 공동으로 이용해 효율성을 높이는 지혜를 발휘하고 있다.

 더욱 편리한 것은 파리에서 자동차를 빌려 남프랑스를 거쳐 스위스를 여행한 뒤 프랑스에서 자동차를 반납해야 하는데, 이 경우 바젤에서 프랑스 뮐루즈 쪽 렌터카 회사에 반납하고 파리행 비행기를 탈 수 있다. 자동차 렌트 비용을 훨씬 저렴하게 이용할 수 있어 안성맞춤이다.

무지개 꿈을 꾸다

다시 바젤에서 스위스 기차로 갈아타고 3시 30분에 출발, 인터라켄 동역Interlaken Ost에 18시 6분경 도착했다. 역시 스위스는 호수의 나라답다.

기차가 끊임없이 호숫가를 달리는 것. 호수를 지나면 또 다른 호수가 나오고, 이제는 강이려니 내려다보면 더 큰 호수가 보인다. 그렇게 내내 호수를 끼고 굽이굽이 달린다. 그런데 호수가 하나같이 맑고 푸르다. 물빛이 형언조차 하기 어려울 만큼 아름답다.

벵겐 Wengen

"하뻬, 스위스는 왜 이렇게 호수가 많아요? 많기도 하고 넓으면서도 물이 맑아서 너무 좋아!"

"응, 스위스는 산이 많아서 산골짜기에 물이 고여 호수가 많단다. 그리고 높은 산에서 눈이 녹아 1년 내내 물이 흘러 내려오니까 맑기도 하고 파랗게 고이기도 하지!"

"아하, 그렇구나! 우리가 자는 곳에도 호수가 있어요?"

"아니 조금 떨어져 있지만, 차로 가면 금방이라 언제든 호수를 볼 수 있어. 걱정하지 않아도 돼."

솔이와 호수에 대해 얘기하다 보니 피곤한 줄도 모르고 진짜 호수의 도시 인터라켄에 도착한다.

무지개 꿈을 꾸다

벤겐 Wengen

초록빛
호숫물에
두 손을 담그면

파아란
초록빛
물이 들지요

초록빛
예쁜
손이 되지요

초록빛
여울물에
두 발을 담그면

물결이
살랑살랑
어루만져요

우리 순이
손처럼
간지럼 줘요

무지개 꿈을 꾸다

박경종 님의 동시 '초록 바다'가 여기 스위스 계곡에선 '초록 호수'가 되어 마음을 간지럽힌다. 손녀와 함께 동심에 젖어 파란 호숫물에 추억의 구슬방울을 또르르 굴려본 기차 여행이었다.

벤겐 Wengen

 이제 하루의 여정이 끝나가나 싶었으나, 이곳 인터라켄Interlaken에서 18시 5분에 라우터브루넨Lauterbrunnen행 기차로 바꿔 타고, 또다시 라우터브루넨역에서 그날 여정의 마지막 종착지인 벤겐행 산악궤도 열차를 탔다. 8시 37분 출발, 벤겐 18시 50분 도착. 오늘 아침 8시 30분 파리의 숙소를 떠난 지 11시간 20분 만이다. 기차를 다섯 번 갈아타고 도착한 곳이 바로 계곡과 산마루 중간 언덕에 위치한 벤겐이다.

무지개 꿈을 꾸다

 기차역에서 가방을 끌고 숙소로 향했다. 길이 정확하지 않아 조금 헤맸지만, 친절한 마을 사람들 덕분에 어렵지 않게 에어비앤비 숙소에 도착했다. 길가 언덕바지에 지은 집이라 길에서 들어가면 1층 거실과 부엌으로 연결되고, 들어가서 한 층 아래로 내려가면 바로 마당과 연결된 침실, 또 하나의 1층이다. 전망이 좋고 양지 바른 곳에 자리해 길손이 며칠 묵어가기엔 안성맞춤이다. 예약한 딸에게 처음으로 잘했다고 칭찬해주었다.

벤겐 Wengen

 짐을 푼 뒤 슈퍼마켓에도 들르고, 저녁 식사도 하고, 야경도 볼 겸 역으로 다시 나갔다. 조그만 산골 동네라 어디든 걸어서 갈 수 있다. 저녁 식사를 마치고 숙소로 돌아와 오랜만에 다리를 펴고 한숨을 돌렸다. 막 쉬려던 참인데, 솔이가 살짝 다가와 앉는다.

무지개 꿈을 꾸다

"하삐, 짐 정리할 때 언뜻 보니까 두껍고 빨간 책이 보이던데 무슨 책이에요?"
"아하, 책을 봤구나? 하삐가 보려고 가져왔지."
"여행을 하면서 어떻게 책을 봐? 무슨 책인데요?"
"응, 〈금강경〉이라는 책이야. 요즘 하삐가 그 책에 빠져 시간 나는 대로 읽으려고 가져왔지."
"〈금강경〉이 어떤 책이에요? 재미있는 이야기? 재미있으니까 가져왔겠지. 〈금강경〉 얘기해주면 좋겠다."
"아냐, 너한테는 물론이고 하삐도 너무 어려워서 이해하기 어려운 책이야."
"그래도 듣고 싶은데!"
"솔아 그럼 오늘은 피곤하니까 쉬고, 내일부터 짬 나는 대로 〈금강경〉 얘기하면서 하삐하고 이번 여행을 즐겨볼까?"
"그럼 내일부터 얘기 들려주는 거예요. 약속!"
 손녀와 손가락 걸고 엄지로 도장 찍고, 손바닥 펴서 인쇄하고 잠을 청한다. 벤겐의 첫날 밤이 이렇게 지나간다.

융프라우 Jungfrau

융프라우 Jungfrau
순백의 정상에 오르다

유럽의 정상 'Top of Europe' 융프라우 Jungfrau!
스위스를 대표하는 산봉우리, 융프라우에 간다. 순백의 처녀산!

잔뜩 부푼 가슴을 안고 뛰어가는 솔이의 손을 잡고 함께 뜀박질을 한다. 숙소를 나와 벤겐역을 향해 가쁜 숨을 몰아쉴 만큼 한달음에 내닫는다. 조그만 산골 마을, 좁은 아스팔트길이 우리네 시골 흙길처럼 부드럽게 느껴진다. 아침 안개가 살짝 낀 알프스의 시원한 공기가 입김처럼 코끝을 간질인다.

역에는 벌써 사람들이 나와 기차를 기다리고 있다. 이른 아침이라 사람이 적은 편이란다. 역에서 티켓을 산 뒤 엊저녁 미처 보지 못한 벤겐역을 둘러본다.

융프라우 Jungfrau

"솔아, 기차 왔다. 타러 가야지."
"으응, 기차 색깔이 예쁘게 생겼네. 조그만 기차지만!"
"자리 정해진 것 없이 올라가서 맘대로 앉으면 되나?"
"응, 빨리 가서 언덕이 내려다보이는 쪽으로 앉아요."

 기차에 올라 숨을 죽이고 기대에 부푼 가슴을 달랜다. 벤겐역에서 9시 54분 융프라우행 기차가 덜컹덜컹 연신 트림을 뱉어내며 산허리로 향한다. 마을 뒷산 허리를 감아 돌아 느릿한 걸음으로 숲속을 헤쳐나간다. 빼곡한 삼나무 그늘이 드리워진 깊숙한 숲길 터널을 기어오른다. 달팽이가 먼 여행길에 오르듯 살금살금 '세월아 가거라' 탓없이 오른다.

"기차가 너무 느리지? 가파른 산을 톱니바퀴로 올라가니까 느릴 수밖에 없지. 천천히 가니까 바깥 풍경 구경할 수 있어 더 좋을 거야. 그렇지?"
"으응, 느려도 나무랑 숲이 너무 예뻐서 구경하며 가니까 좋아요!"
언뜻 동시 하나가 머릿속을 스친다.
"솔아, 하삐가 재밌는 동시 하나 읊어줄까?"

순백의 정상에 오르다

융프라우 Jungfrau

어딜 가니

몰라

멀리 가니

모올라

가기는 가니

(!!)

서정춘 '달팽이와 놀아나다'

순백의 정상에 오르다

"이 동시는 누구한테 하는 말이게?"
"누굴까?"
"이곳에 많이 사는 동물인데?"
"으~~응, 힌트 좀 줘야 알 것 같은데!"
"그래? 좋아, 우리는 잘 안 먹지만 프랑스 사람들이 즐겨 먹는 요리를 할 수 있는."
"아, 알았다. 달팽이!"
"하하하!"

융프라우행 기차 안에 있는 사람들 모두 즐거워 보였다. 많은 사람이 빼곡히 앉아, 각자 자기네 말로 왁자지껄 떠들지만 속으로는 요들송을 부르고 있을 것만 같다.

솔이와 함께 이렇게 융프라우를 향해 첫발을 내딛는다.

융프라우 Jungfrau

융프라우에 가기 위해서는 대체로 세 곳 중 한 곳을 택해 숙소를 정해야 한다. 그중 하나는 인터라켄에 숙소를 정하고 여기서부터 기차를 타고 그린델발트Grindelwald나 벤겐을 거쳐 산 중턱에 있는 클라이네샤이덱Kleine Scheidegg까지 가서 기차를 갈아타고 정상까지 가는 방법이 있다. 어느 방법을 택하든 이곳 클라이네샤이덱역을 거쳐야 정상에 갈 수 있다.

순백의 정상에 오르다

인터라켄은 다른 곳에 비해 비교적 큰 도시다.

'호수의 사이'라는 뜻을 지닌 도시답게 브리엔츠호Brienzersee와 툰호Thunersee 사이에 자리 잡은 아름다운 호반 도시다. 그래서 숙박 요금이 다른 지역에 비해 비싼 편이라고 한다. 그러나 도시답게 생활이 편리하고 나이트 라이프를 즐기기에도 좋다는 평을 받고 있다.

다음은 그린델발트에 숙소를 정하고 여기서 인터라켄에서 출발한 기차를 타고 클라이네샤이덱을 거쳐 정상까지 가는 방법이다. 그린델발트는 이곳 융프라우를 즐기는 데 중심이 되는 관광지다. 여기서 머무르면서 피르스트First 등 여러 곳의 트레킹 코스에 도전할 수 있어 편리하다.

마지막으로 벤겐에 숙소를 두고 라우터브루넨에서 출발한 기차를 타고 클라이네샤이덱을 거쳐 정상에 가는 방법이다.

벤겐은 아주 작은 산골 마을이지만 여행객을 위한 숙소와 생활 편의는 어느 곳 못지않게 잘 갖춘 곳이다. 비용도 저렴하고 여기저기 둘러보기 좋은 곳이라는 생각이 든다. 숙소를 정할 때는 비용과 생활 편의성, 그리고 가보고 싶은 곳을 편하게 다닐 수 있는 교통의 편리성 등을 생각하는 것이 좋다.

융프라우 Jungfrau

 이번 여행에서는 마지막 방법인 벤겐을 택했다. 우선 비용 면에서 합리적이었다. 에어비앤비를 통해 예약한 숙소가 기대 이상으로 마음에 쏙 들었다. 여기서 또 기차를 이용하면 융프라우는 물론 뮈렌, 쉬니게플라테, 그린델발트 등 가볼 만한 곳에도 쉽게 갈 수 있을 만큼 교통 여건이 좋은 곳이다. 가성비 높은 곳에 머무르게 되어 더욱 기쁜 마음이었다.

 세 번의 융프라우 여행 중 두 번은 그린델발트에서 머무르고, 이번에 처음으로 이곳을 택했지만 두 곳 모두 길손이 머무르기엔 아주 좋은 곳이라는 생각이 든다. 취향에 따라 다르겠지만, 어느 곳을 선택해도 실망하지 않을 것이다.

순백의 정상에 오르다

융프라우 Jungfrau

 벤겐을 출발한 기차는 온갖 세상 풍경 다 보여주려는 듯 느릿느릿 산길을 오른다. 꽃밭과 초원이 펼쳐지기 전까지는 키 큰 삼나무 숲이 빼곡하다. 여기서 나온 피톤치드가 온 스위스 계곡에 맑고 깨끗한 공기를 전파하는 게 아닌가 싶다.
 솔이는 기차 안에서 차창 밖으로 지나가는 자연을 감상하느라 여념이 없다. 저 푸른 숲을 보고, 또 저렇듯 파란 하늘을 보면서 어떤 생각을 하고 있을까?

순백의 정상에 오르다

산하고 하늘하고 누가누가 더 푸른가
산하고 하늘하고 누가누가 더 푸른가
내기 해봐라 내기 해봐라
나무를 심어줄게 나무를 심어줄게
산아 산아 이겨라
좀 더 파래라
욜로레이 욜로레이 욜로레이리 욜로레이
욜로레이 욜로레이 욜로레이리 욜로레이

융프라우 Jungfrau

 나무숲 터널을 지나니 스위스 특유의 비탈진 산자락에 초원이 펼쳐져 있다. 6월의 스위스 초원은 온갖 꽃이 피어나는 꽃밭 천지다. 누가 가꾸지 않아도 서로 시샘하듯 노란 꽃, 빨간 꽃, 보라 꽃이 피어난다. 색의 향연이요, 농농한 향기가 퍼져나오는 향수의 보고다.
 "야아~~~! 꽃밭이다. 하뻬 저 꽃밭은 누가 만들어놓은 거예요? 꼭 잘 가꾸어놓은 화단 같잖아!"
 "자연이 만든 꽃밭이란다. 아마 키웠다면, 소나 양들이 꽃을 아름답게 키웠겠지?"
 "그럼 소나 양들이 정원사네. 나도 텃밭에서 꽃을 키우는 정원사가 돼봤으면 좋겠어요."
 아름다운 꽃밭 저 너머로 융프라우 정상을 향해 느릿느릿 언덕을 오르는 기차가 보인다. 우리도 조금 있으면 저 기차를 타고 정상에 오르겠지!

순백의 정상에 오르다

들하고 바다하고 누가누가 더 푸른가
들하고 바다하고 누가누가 더 푸른가
내기 해봐라 내기 해봐라
나무를 심어줄게 나무를 심어줄게
들아 들아 이겨라
좀 더 파래라
욜로레이 욜로레이 욜로레이리 욜로레이
욜로레이 욜로레이 욜로레이리 욜로레이

윤석중 '나무를 심자'

융프라우 Jungfrau

순백의 정상에 오르다

 정상에 가는 기차로 바꿔 타야 하는 클라이네샤이덱역에 도착한다. 여기서 모두 내려 융프라우요흐행 기차를 탄다. 벵겐에서 올라오는 사람들이나 그린델발트에서 오는 사람들 모두 이곳에서 하차해 특별히 만든 기차로 바꿔 타야 한다. 그동안 역에 내려 잠시 구경하거나 음식과 차, 맥주 등 식음료도 즐길 수 있다.
 클라이네샤이덱역에서 잠깐 쉬고 정상에 오르는 기차를 탄다. 이제부터 터널로 이어진 2000~3000m 높이의 바위산 지대, 스위스 특유의 산악 열차 여행이다.

융프라우 Jungfrau

 한참을 가다가 기차는 터널 안으로 들어갔고, 이제 밖이 보이지 않았다.
 "하삐, 어제 〈금강경〉이 뭔지 얘기해주겠다고 했는데 지금 해주면 안 돼요? 지금은 바깥 경치도 구경할 수 없고, 얘기나 들어야지."
 어이쿠야, 올 것이 왔구나! 어쩐지 말이 없다 싶었다. 요 녀석이 구경거리가 있을 땐 실컷 구경하고, 이제나저제나 얘기해줄 때를 기다린 모양이다.

순백의 정상에 오르다

"기차 소리가 시끄러워 잘 안 들릴 텐데, 조용할 때 하면 안 돼?"
"조금 큰 소리로 말하면 다 알아듣겠는데, 뭐."
하여, 〈금강경〉얘기가 시작된다.
이제 막 읽기 시작한 터라 그 내용을 10분의 1도 이해하지 못하지만 약속을 했으니 서툰 내용일지라도 조금씩 얘기해줄 수밖에 도리가 없다. 구경하랴, 〈금강경〉 정리해서 얘기해주랴, 이번 여행은 몹시 힘들겠구나 싶었다.

융프라우 Jungfrau

"솔아, 성경에 대해서는 알고 있지?"

"그럼요. 성당이나 교회에서 읽는 하느님의 말씀을 적어놓은 책 아냐? 나도 성당에 다니는데, 그걸 모를까봐요?"

"그래 맞아. 기독교나 가톨릭에서는 하느님의 말씀을 기록해 후대에 읽고 따르도록 한 책을 성경이라고 하듯이, 불교에서는 부처님의 말씀을 정리해 기록한 책을 불경이라고 해. 그 불경 중 하나가 바로 〈금강경〉이야. 성경에도 〈구약성경〉, 〈신약성경〉 등이 있잖아. 불경에도 금강경, 화엄경, 반야심경 등 몇 개의 경전이 있단다."

"그럼 금강경은 왜 금강경이에요? '금강'이라고 하니까 어디 강 이름같기도 하고, 금강석인 다이아몬드랑 연관이 있는 것 같기도 하고. 무슨 뜻이 있는 거예요?"

순백의 정상에 오르다

융프라우 Jungfrau

"〈금강경〉에 담긴 부처님의 말씀이 금강석, 즉 다이아몬드처럼 값지고 소중하고 또 단단하다는 뜻을 지니고 있단다. 그래서 그 단단한 다이아몬드가 세상의 모든 물질을 깨뜨릴 수 있는 제일 강한 물질이라 〈금강경〉에 있는 부처님의 말씀이 우리 일반 사람들의 돌덩이처럼 단단하게 뭉친 '어리석음'을 다이아몬드처럼 깨뜨려서 깨우치게 해주고, 사람들이 마음이 아파 괴로워할 때면 그 괴로움을 깨뜨려서 마음을 평온하게 해준다고 해서 '금강경'이라고 이름을 붙였단다.

또 다른 뜻으로 얘기하는 스님도 계셔. 용성 스님이라고도 하고 진종 스님이라고도 하는데, 3·1운동 당시 민족 대표 33인으로 참가해 서대문형무소에서 옥살이도 하신 훌륭한 분이야. 이 스님은 〈금강경〉을 요즘 우리가 볼 수 있도록 최초로 한글로 번역한 분이기도 하지. 용성 스님은 〈금강경〉을, '금강과 같이 변하지 않는 불성을 바로 가르쳐 사람들의 의심을 단절하고 믿음을 일으키게 하는 길잡이'라고 말씀하셨단다."

순백의 정상에 오르다

융프라우 Jungfrau

"에휴, 많이 어렵네. 알 것 같기도 하고 이해가 안 되는 것 같기도 하고, 어쨌든 어려워요!"

"그래 내가 말했잖아. 하삐도 이해를 잘 못하는 어려운 책이라고. 그럼 여기서 끝낼까?"

"아니, 그래도 시간 나면 또 듣고 싶어요. 하삐가 좀 더 쉽게 얘기해줄 수 없어요? 알아듣기 쉽게 설명해주면 좋을 텐데."

"어이쿠야! 요 녀석 봐라, 이제 하삐를 잡을 생각이구나!"

순백의 정상에 오르다

 기차가 가파른 터널길을 힘겹게 기어오르다 한 곳에서 잠깐 멈춰선다. 아이스머Eismeer 간이역이다. 마치 기차도 숨이 차서 잠깐 숨고르기를 하고파 쉬어가는 것 같다. 약 5분간 기차에서 내렸다. 그리고 굴 밖으로 난 유리창을 통해 하얗게 펼쳐진 만년설원을 내다보면서 탄성을 질렀다.
 잠깐의 휴식을 마친 기차는 다시 가쁜 숨을 몰아쉬며 정상을 향해 덜컹덜컹 기어간다.

융프라우 Jungfrau

 드디어 유럽에서 가장 높은 역으로 불리는 3454m의 융프라우요흐에 도착. 마지막 역이다. 역을 빠져나오니 발아래로 펼쳐진 순백의 평원이 눈에 들어온다. 티끌 하나 없이 만년을 꿋꿋하게 감내해온 눈밭이다. 눈밭을 걸으면서 긴 호흡으로 융프라우를 가슴에 품는다. 매서우면서도 시원한 바람이 온몸을 파고든다.

순백의 정상에 오르다

"솔아, 여긴 조금 있다가 다시 오면 되니까 엘리베이터 타고 꼭대기에 먼저 가보자. 사람들 더 많이 올라오기 전에."

엘리베이터를 타고 정상에 오른다. 더 높은 곳에서 바라보니 장엄하고 신비스러운 만년설이 아름다운 햇살 아래 눈부시게 반짝인다.

융프라우 Jungfrau

 다시 눈밭 평원의 초입에 내려서서 끝없이 펼쳐진 설원을 바라본다. 유럽에서 가장 긴 알레치 빙하Aletsch Glacier가 22km가량 빙판을 이루고 있다. 독일의 흑림 지대까지 이어진다니, 그 장엄함이 가히 짐작이 간다. 이곳 빙하길을 트레킹한다는 생각에 가슴이 벅차오른다. 묀히 산장Mönchsjoch Hut까지 두세 시간 거리라니 도전해볼 만한 코스다. 멋진 융프라우 여행이라면 빼놓을 수 없는 경험일 터다. 눈밭 위를 걷는 트레커들의 워킹이 멋있어 보인다.
 언제가 될지는 모르겠지만, 우린 다음을 기약하기로 했다.

순백의 정상에 오르다

"솔아, 여기 어때?"

"응, 좋아요. 근데 썰매 타는 곳도 있던데, 눈썰매 타면 안 될까요?"

역시 아이에겐 만년설이 만들어낸 기가 막힌 설원보다 눈썰매가 더 매력적인가 보다. 이곳에 세 번이나 와봤지만 썰매장이 있다는 것은 처음 알았다. 아이와 함께 오니 확실히 시야가 더 넓어진다.

융프라우 Jungfrau

 어디 그뿐인가?

 눈썰매를 실컷 타고 온 솔이가 언제 봤는지 이번엔 집라인을 타겠다고 나선다. 융프라우 정상에 집라인 타는 곳이 있으리라고는 상상도 못했다. 눈을 돌리니 눈이 털린 바위 절벽에 진짜 집라인 타는 곳이 보인다. 고집 부리는 아이를 어른이 어찌 이겨낼 수 있을까. 있는 힘껏 소리를 지르면서 집라인을 타는 솔이를 보니 덩달아 기분이 좋아졌다.

 아마도 융프라우에서 가장 보람을 느낀 순간이 아니었나 싶다.

순백의 정상에 오르다

점심때가 되니 슬슬 배가 고팠다. 이곳에선 단연 라면이 최고다. 맨 처음 한국 라면의 명성과 진가를 알아본 곳이 바로 이곳 융프라우다. 1980년대 후반, 이곳을 처음 찾았을 때는 한국에서 왔다고 하면 신기하게 쳐다볼 정도로 희귀한 관광객(족)이었다.

그때 엘리베이터를 탔는데 한글이 적혀 있었다. 그중 하나가 라면의 맛과 편리성을 적어놓은 글이었다. 당시에는 '역시 한국의 맛과 멋있는 사람들 자취가 남겨져 있구나!' 하면서 뿌듯함을 느끼기까지 했다.

그런데 오늘도 역시 컵라면을 먹는다.

융프라우 Jungfrau

한국의 ○○항운에서 융프라우 패스를 샀는데, 융프라우에 있는 편의점에 패스를 보여주니 컵라면을 하나씩 준다. 온 가족이 빙 둘러앉아 컵라면을 먹으니 괜스레 뿌듯해진다. 한국에서 산 융프라우 패스는 여기까지 오는 기차표에 눈썰매, 라면 그리고 수영장 등을 이용할 수 있는 유용하고 편리한 패스였다. 라면으로 허기진 배를 채운 뒤 정상에서 내려왔다.

순백의 정상에 오르다

다시 톱니바퀴 기차를 타고 하산길에 오른다.

우리 꼬맹이 솔이만 아니면 하산길에 기차를 바꿔 타야 하는 클라이네샤이덱역 바로 전 역인 아이거글레처Eigergletscher역에서 내려, 한 시간여의 트레킹을 했을 텐데. 아쉽지만 다음 기회로 미룬다. 이 코스는 아이거 북벽을 바라보면서 알프스의 진수를 맛볼 수 있는 코스로 유명하다. 일부러 시간을 내더라도 꼭 한번 가볼 만하다.

트레킹의 아쉬움을 뒤로한 채 클라이네샤이덱역에 도착한다. 라면으로 부족한 점심을 해결하기 위해 식당을 찾았다. 관광지인 데다 스쳐 지나가는 역인 만큼 큰 기대 없이 음식도 그렇고 그렇겠지 하고 들어갔는데, '어라, 맛집인데?' 할 정도로 음식이 맛깔스러운 집이었다.

융프라우 Jungfrau

 식사를 마치고 다시 벤겐행 기차를 타야 한다. 그런데 뭔가 아쉽고 허전하다.
"여기서부터 숙소까지 걸어가보자! 빠르면 두 시간, 늦어도 세 시간이면 될 것 같은데."

순백의 정상에 오르다

우리는 트레킹을 시작했다. 가히 환상적이다. 알프스의 6월, 꽃밭의 아름다움을 만끽한다.

기차 안에서 내려다보던 꽃밭과는 천지차이다. 싱싱한 꽃이 잔뜩 피어 있었다. 마치 서로 더 예뻐 보이려고 경쟁하는 듯했다.

융프라우 Jungfrau

 노란 꽃이 머리를 내밀면 저만치 빨간 꽃이 얼굴을 들어 미소를 보내고, 뒤돌아보면 보라 꽃이 살포시 웃는다. 넓은 산자락을 타고 형형색색 온갖 꽃들의 파노라마가 펼쳐졌다. 자연의 위대함을 느낀 순간이다. 손때 묻지 않은 순수 자연을 보니 잘 보존하고 가꿔온 그들이 대단해 보인다.
 맑고 파란 하늘, 검푸른 나무숲, 황홀하게 펼쳐진 오색 꽃밭. 이 모든 걸 선사해준 이들에게 감사하는 마음으로 한 걸음 한 걸음 힘차게 내딛는다.

순백의 정상에 오르다

 드넓은 초원을 보면서 우리 솔이는 무슨 생각을 할까? 고운 들길에 푹 빠져 마냥 즐겁고 신나겠지. 아마도 꽃들과 이런저런 이야기를 나눌 것이다.

융프라우 Jungfrau

순백의 정상에 오르다

꽃들이 살래살래
고개를 흔듭니다

바람이
길을 묻나 봅니다

나뭇잎이 잘랑잘랑
손을 휘젓습니다

나뭇잎도
모르나 봅니다

해는 지고
어둠은 몰려오는데

바람이 길을 잃어
걱정인가 봅니다

공재동 '바람이 길을 묻나 봐요'

융프라우 Jungfrau

 꽃밭을 한참 걷다 보니 어느새 숙소 마을 숲길로 접어든다. 숙소가 가까워진 모양이다. 소가 한가로이 풀을 뜯어먹고, 양들이 옹기종기 모여 있다. 소들의 목줄에 달린 풍경 소리가 정겹기만 하다.
 느닷없이 솔이가 바짝 다가온다.
 "하삐, 이제 다 와가는 것 같은데 〈금강경〉에서 부처님은 뭐라고 말했어요? 좋은 말을 했을 텐데."
 다시 〈금강경〉 얘길 해달라는 주문이다.

순백의 정상에 오르다

"그래 좋다. 피곤하지만 약속은 약속이니까!"

"한때 부처님이 인도 '사위성'의 '기원정사'라는 정원에서 제자들 1250명에게 설법을 했어. 그때 제일 아끼던 '수보리'라는 제자가 있었는데, 그 제자가 그동안 의문이 남은 부처님 말씀에 대해 질문을 하고, 부처님이 대답한 내용을 정리해 기록으로 남긴 것이 바로 〈금강경〉이란다."

융프라우 Jungfrau

"그러면 그 '수보리'라는 제자가 맨 처음 뭘 물어봤는데요?"
"수보리는 부처님의 '십대제자' 중 한 명으로 나이도 많고, 배움도 크고, 덕이 높아 장로라고 높여 부르기도 한단다. 수보리는 부처님에게 '사람들이 높은 진리와 깊은 지혜의 깨달음을 얻어 부처님처럼 참자유와 행복을 누리려면 어떻게 해야 하는지요?' 하고 물었지. 부처님처럼 완전한 깨달음을 얻으려면 마음가짐을 어떻게 해야 하는지, 사람들이 갖고 있는 욕심이라든가 평소에 화를 내는 것이나 어리석음에 찌든 마음을 어떻게 다스려야 하는지 간곡하게 물었단다."

순백의 정상에 오르다

世尊 善男子善女人
세존 선남자선여인
發阿耨多羅三藐三菩提心
발아뇩다라삼먁삼보리심
應云何住 云何降伏其心
응운하주 운하항복기심

'세존이시여!
세상에 아뇩다라삼먁삼보리의 마음을 낸
많은 선남자와 선여인은
마땅히 어떻게 머물러야 하며,
어떻게 그 마음을 항복받아야 합니까?'

〈금강경〉 원문

융프라우 Jungfrau

순백의 정상에 오르다

"아! 그러니까 우리 같은 사람들이 부처님처럼 좋은 사람이 되려면 어떻게 해야 하는지 물어본 거죠?"

"그래 맞아. 이 질문을 시작으로 수보리가 계속 질문하고 부처님이 답변한 것을 정리한 것이 〈금강경〉의 내용이란다."

"그럼, 부처님은 뭐라고 대답했을까요? 아마 어려워서 다들 못 알아들었을 것 같은데."

"솔아, 부처님의 답변에 대해서는 다음에 다시 얘기하기로 하자. 지금은 재미있는 얘기 더 해줄게. 어때, 괜찮지?"

융프라우 Jungfrau

"부처님이 제자들에게 설법을 시작하기 전, 식사 시간이 다가오자 손수 옷을 챙겨 입고 그릇을 들고 성안으로 들어가셔서 한 집 한 집 차례로 공양을 받고 다시 처소로 돌아오셨지. 처소로 돌아오신 뒤 공양을 드시고 다른 제자들과 똑같이 옷과 그릇을 가지런히 정돈하고 발을 씻은 뒤 자리를 펴고 앉아 명상을 시작하셨어.

부처님은 굳이 직접 집집마다 밥을 얻으러 가지 않아도 되는데 제자들과 함께 그릇을 들고 탁발을 하러 가셨지.

참, 스님들이 밥을 얻으러 집집마다 돌아다니는 것을 불교에서는 '탁발'이라고 한단다. 이렇게 일상의 소소한 일일지라도 부처님은 몸소 실천함으로써 이를 통해 성인이나 보통 사람들이 평등하다는 것을 보여주고, 참가르침을 실천하고자 하신 거야. 이를 통해 부처님은 설법을 시작하기 전 평범한 일상의 모습에 〈금강경〉 최고의 가르침이 있음을 몸소 실천해 보인 것이란다."

순백의 정상에 오르다

一時 佛 在舍衛國祇樹給孤獨園 與大比丘衆千二百五十人俱
일시 불 재사위국기수급고독원 여대비구중천이백오십인구
爾時 世尊 食時 着衣持鉢 入舍衛大城
이시 세존 식시 착의지발 입사위대성

乞食於其城中 次第乞已 還至本處 飯食訖 收衣鉢 洗足已 敷座而坐
걸식어기성중 차제걸이 환지본처 반사흘 수의발 세족이 부좌이좌

'한때 부처님께서 사위나라 '기수급고독원'에 계셨는데
비구 대중 1250명과 함께 계셨다.

이때 세존께서 공양 때가 되어 가사를 입고 발우를 가지고
사위나라 큰 성에 들어가셨다.

그 성안에서 차례로 걸식을 마치고 본래의 처소로 돌아와서
공양을 드신 뒤 가사와 발우를 거두고 발을 씻고 나서
자리를 펴고 앉으셨다.'

〈금강경〉 원문

융프라우 Jungfrau

순백의 정상에 오르다

"그렇구나! 그런데 부처님이 제자들과 함께 있던 정원은 어떤 정원이에요? 보리수나무가 많은 곳인가?"
"어라? 솔이가 보리수나무를 어떻게 알지. 대단한데? 그런데 부처님이 설법을 하신 '기원정사'가 만들어진 얘기가 참 재미있단다. 사위성에 '수닷타'라는 의로운 사람이 살고 있었는데, 그 사람은 가난하고 외로운 사람들을 잘 도와주는 부자였어. 그는 부처님을 뵙자마자 존경하는 마음을 갖게 되었단다. 그래서 부처님을 사위성으로 초청해 사람들을 가르쳐달라고 간청을 했어.

융프라우 Jungfrau

 초청을 해놓고 생각하니 머무르면서 설법할 장소가 없었지. 고민하던 중 그 나라의 '기타'라는 태자가 소유한 숲이 안성맞춤이라는 생각이 떠올랐어. 그래서 수닷타는 기타 태자를 찾아가 그 숲을 팔라고 했지만, 태자는 숲이 너무 아름다워 팔지 않겠다고 거절했단다. 그런데도 수닷타는 돈은 얼마든지 줄 테니 팔아달라고 졸랐지.

 안 팔겠다는데 자꾸 팔라고 조르니 태자는 화가 났어. 그는 '내 숲 바닥을 모두 금으로 깔아주면 팔겠다'고 했지. 그날부터 수닷타는 자신의 재산을 모두 금으로 바꿔 태자의 숲에 깔기 시작했어. 이를 본 태자는 수닷타의 열정과 정성에 감복해 숲을 그냥 기증했단다.

 그렇게 해서 부처님이 사위성에서 설법할 수 있는 넓고 좋은 정원이 생겨난 거야! 믿음의 힘이 이루어낸 아주 좋은 본보기지."

순백의 정상에 오르다

"아하! 여러 가지 재미있는 얘기도 가끔 나오네. 그래도 너무 어려워요. 할삐가 좀 더 쉽게 이해할 수 있는 방법을 생각해봐."

스위스 알프스에 와서 난데없는 부처님 얘기를 하다니, 좀 어색하기도 하고 생뚱맞기도 했다. 그래도 손녀와 약속한 터라 얘기해달라고 하면 해줄 수밖에 다른 도리가 없었다.

융프라우 Jungfrau

백초百草 만화萬花가 일렁대는 꽃밭을 지나고 풍경 소리 딸랑딸랑, 소들이 음매음매, 목장길을 휘감아 돌고 덜그럭덜그럭 달팽이 걸음 기찻길 옆 오막살이를 곁눈질하고 빼곡한 삼나무 숲길을 따라 걷다 보니 아침에 출발한 벤젠역에 금세 도착했다.

세 시간여의 꽃길 트레킹을 마무리했다. 오후 5시가 조금 넘은 시간이다. 융프라우를 가장 알차게 구경한 하루였다. 아이와 함께하니 더 많은 융프라우를 알게 된 것 같아 내심 뿌듯했다.

순백의 정상에 오르다

뮐렌 Mürren

뮈렌 Mürren
알프스 오지 청정 마을에 가다

한국에 있는 친구가 카톡을 보냈다. 스위스에 갔으면 뮈렌에 꼭 들러야 한다고 성화다.

SNS의 힘을 절감한다. 사진 몇 장 올리고 하루 다녀온 길 몇 자 적어 올린 것이 이 같은 좋은 정보로 연결될 줄이야! 사실 이 친구가 추천하기 전에는 뮈렌에 관한 지식이 전무한 상태였다.

"야아! 이 근처 검색 좀 해보자. 친구가 뮈렌이라는 곳에 꼭 다녀와야 한다는데."

그래서 딸과 함께 검색해본 것이 엊저녁 일이다. 다행히 숙소에서 한 시간 이내에 갈 수 있는 아주 특별한 곳이라는 결론을 내렸다.

친구가 그토록 추천한 이유도 곧 알게 되었다.

뮈렌 Mürren

 오늘은 아주 특별한 날이다. 솔이도 오늘은 몹시 피곤했던 모양이다. 그럴 법도 하다. 벤겐에서부터 오늘까지 우리 일정이 좀 무리다 싶긴 했다.

 6월 22일 늦은 시간 파리에 도착해 숙소를 찾아 짐을 풀고 하룻밤 지낸다. 바로 다음 날 23일 아침 일찍 7시 30분쯤 집을 나서 바스티유 광장에 있는 주말 시장을 구경했다. 23일 오전부터 루브르박물관을 거쳐 오르세 미술관, 잠깐 쉬고 개선문, 에펠탑을 구경하는 빡빡한 일정을 모두 소화해낸 것이다. 이어서 24일 몽마르트르 언덕과 파리 시내를 구경하고, 25일 아침 파리를 출발해 11시간 동안 기차를 타고 이곳 벤겐까지 와서 어제 26일에는 또 융프라우에 갔으니 말이다.

알프스 오지 청정 마을에 가다

 인천에서 파리까지 13시간여의 비행기 여행, 여독을 풀 새도 없이 곧바로 이틀간의 파리 구경, 이어서 11시간여의 기차 여행에 이은 융프라우 산행이었다. 열 살 꼬맹이로서는 여간 강행군이 아니었을 거다. 그래서인지 오늘 하루 쉬고 싶단다.

"하삐, 오늘은 어디 안 가고 엄마 아빠랑 쉬면서 수영장 가고 싶은데 괜찮을까요?"

"으응, 우리 솔이 많이 피곤하구나? 사실 강행군이었지. 그래 조금 쉬는 것도 좋겠다."

"원래 올 때부터 여기 수영장이 좋다고 해서 가볼 생각이었거든요. 오늘은 함미하고 하삐 둘이서 구경 가고 싶은 데 실컷 다녀오면 되겠네."

뮈렌 Mürren

 이렇게 해서 우리 두 부부의 알찬 여행이 시작되었다. 오늘은 마음껏 걸어봐야지, 속으로 굳게 다짐하고 나선다.

 먼저 어제 저녁 검색해놓은 뮈렌을 향해, 씽씽씽! 아침 일찍 뮈렌을 향해 출발한다. 뮈렌에 가려면 우선 벤겐에서 기차로 라우터브루넨을 가야 한다. 라우터브루넨역에 내리면 플랫폼에서 바로 연결된 케이블카 탑승장으로 가서 1486m 언덕에 자리한 그뤼첼프Grutschalp까지 가는 케이블카를 탄다. 아주 가파른 절벽 위에 있는 그뤼첼프역에 케이블카를 타고 도착하니 한 칸짜리 기차 한 토막이 우릴 기다리고 있었다. 뮈렌으로 가는 기차다.

알프스 오지 청정 마을에 가다

　라우터브루넨에서 뮈렌까지 교통수단은 두 가지 방법이 있다. 먼저 라우터브루넨에서 그뤼첼프까지 케이블카를 탄다. 2006년까지는 케이블카 대신 푸니쿨라 철도를 이용했단다. 그리고 그뤼첼프에서 뮈렌까지 한 칸짜리 기차로 이동한다. 이곳 교통수단은 1891년에 개통해 주로 물건을 실어 나르는 목적이었으며, 2006년 산사태가 나서 푸니쿨라가 파손돼 2010년 지금의 케이블카로 교체해 이용하고 있다. 물론 요즘은 관광객이 주로 이용하는 승객용으로 활용하고 있어 궁색했던 오지, 뮈렌을 세상에 들춰내고 있다.

뮈렌 Mürren

 알프스 산악 열차가 덜컹덜컹 천천히 기어 올라간다. 한 칸짜리 기차라 빈자리가 없을 만큼 사람들로 가득 찼다. 천천히 오르는 길은 깎아지른 언덕처럼 보이던 곳이 나무숲으로 꽉 들어찬다. 오르면서 왼쪽이 절벽 아래를 볼 수 있는 자리다. 비탈진 곳에도 생명력 넘치는 아름드리나무가 쭉쭉 뻗어 햇볕을 가린다. 어김없이 숲길을 지나고 꽃밭을 지나 꾸불꾸불 산자락을 휘감아 돈다. 저 아래 낭떠러지 계곡 밑을 구경하고 싶으나 울창한 숲에 가려 아쉬움을 많이 남기는 철길이다.

알프스 오지 청정 마을에 가다

 20여 분 후 도착한 작은 마을의 역. 1650m에 위치한 뮈렌이다. 200여m 높이를 슬금슬금 달팽이처럼 휘휘 둘러 산허리 감아 돌아온 길이다. 시골의 작은 간이역 그대로의 풍경이다.
 역에서 내려 길게 심호흡을 한다. 기차에서 내리자마자 청량음료 같은 상큼한 공기를 한껏 들이마신다. 역을 벗어나니 알프스의 동화 같은 청정 마을 뮈렌이 눈에 성큼 다가온다.
 몇 갈래로 나뉜 갈림길에 서서, 서글서글해 보이는 관광객을 붙잡고 사진을 부탁한다.

뮈렌 Mürren

알프스 오지 청정 마을에 가다

 그림같이 깨끗해 보이는 마을 길을 따라 뮈렌 통나무를 찾아간다. 한 그루 나무가 잘린 채 그루터기만 남아 있다. 사람들이 그루터기에 올라 셀카를 찍고, 서로 찍어주고, 찍어달라고 부탁하고 온 세계인의 포토 경연장이 된 나뭇등걸이다. 더구나 한국인이면 기필코 가 봐야 하는 유명한 '뮈렌 통나무'다. 한국에서 여행 좀 하는 사람들 사이에 뮈렌 통나무를 모르면 간첩이란다. 나뭇등걸에 서서 내려다본 계곡의 절경, 안개가 자욱하게 끼면 선경이 따로 없다는데 이번엔 날씨가 너무 맑아 다음을 기약했다.

뮌렌 Mürren

알프스 오지 청정 마을에 가다

 두 팔을 활짝 벌려 안아보는 알프스의 장엄한 산봉우리가 겹겹이 가슴을 파고든다. 봉우리마다 남아 있는 흰 눈이 지난겨울의 추위를 짐작케 한다. 통나무 위에서 골짜기를 내려다본 순간, 마치 내가 하늘에 두둥실 떠 있는 한 마리 새가 된 듯하다. 따스한 햇살 속 하늘을 날아다니며 봄을 노래하는 종다리의 환생이다. 누렇게 익어가는 보리밭, 둥지 찾아 종달종달 우짖던 영락없는 노고지리가 된 것 같다. 알프스의 종다리가 되어 푸른 창공 아래 놓인 보리밭 같은 계곡의 풀밭을 하염없이 더듬는다.

뮈렌 Mürren

종다리 노래 듣고
봄나비 한 쌍
팔랑팔랑 춤을 추는
봄나비 한 쌍
민들레가 방긋 웃고
할미꽃이 손짓한다
예쁜 꽃에 앉아서
다시 팔랑 날아 가네
봄나비야

강소천 '봄나비 한 쌍'

알프스 오지 청정 마을에 가다

뮈렌 Mürren

 누군가 파스텔화로 툭툭 찍어놓은 선명한 그림 같은 알프스의 청정 마을 뮈렌, 떨어지지 않는 발걸음으로 한 바퀴 빙 돌아 다시 역으로 나선다. 실트호른Schilthorn에 대한 유혹을 뒤로한 채. 역에서 잠시 망설이다 기차를 버리고 대신 걷기로 한다. 둘이서 용감하게 햇볕 쨍한 비탈길을 걷는다. 철길과 나란히 뻗어 있는 오솔길이 알프스의 상큼함을 더욱 감미로워 보이게 한다.
 어제의 융프라우 트레킹에 이은 하이킹으로 무리가 아닌가 싶었으나 숲속의 청량함과 꽃들의 향기로움에 발걸음이 가볍다.

알프스 오지 청정 마을에 가다

 솔이가 없는 트레킹, 내가 대신 동심으로 돌아가 벌과 나비를 쫓는다. 산새의 노래에 맞춰 허밍을 하고 이 꽃 저 꽃 만지작거리며 꽃내음을 맡고 풀잎 위에 또르르 뒹구는 햇살도 한 움큼 쥐어보고, 시원스레 콸콸 쏟아져 내리는 폭포수에 이마의 땀방울도 씻어본다. 올라오는 기차를 따라 뜀박질도 하면서 그렇게 산길을 걷는다.

뮈렌 Mürren

 가벼운 발걸음으로 기찻길 옆 오솔길을 걷다 뒤돌아 건너편을 바라다보니 이 지역 알프스의 3대 거봉이 눈앞에 펼쳐진다. 두 팔을 벌려 가슴에 안고 그 정기를 깊게 들이마신다. 3대 거봉을 가장 뚜렷하게 볼 수 있는 곳이 이곳 뮈렌 오솔길이 아닐까 싶다.

최고봉 4158m의 융프라우
4099m의 묀히
3970m의 아이거
살포시 가슴에 안아 볼을 비빈다.

알프스 오지 청정 마을에 가다

한참을 걸어 내려오다 보니 철길 너머로 우뚝 솟은 산과 희미하지만 산자락에 옹기종기 모여 있는 집들이 보인다. 벤겐이다.

솔이가 물장구치고 있을 수영장을 더듬는다. 카메라 줌을 있는 힘껏 당겨 풀장을 찾아본다.

"야아, 보인다, 보여. 저 파랗게 조그만 점처럼 보이는 것 풀장 맞지? 여기, 봐봐!"

둘이 번갈아가며 줌 렌즈 속에 풀장을 만든다. 아니, 솔이를 그려 넣는다.

"맞아, 있는 것 같네. 있다, 있어!"

부부가 아주 죽이 척척 맞는다.

뮈렌 Mürren

우리 솔이에게

이쯤 꽃밭 언덕에서 꼭 들려주고 싶은 동시가 떠오른다.

알프스 오지 청정 마을에 가다

내 고향 가고 싶다 그리운 언덕
동무들과 함께 올라 뛰놀던 언덕

오늘도 그 동무들 언덕에 올라
메아리 부르겠지, 나를 찾겠지

내 고향 언제 가나 그리운 언덕
옛 동무들 보고 싶다, 뛰놀던 언덕

오늘도 흰 구름은 산을 넘는데
메아리 불러 본다, 나만 혼자서

강소천 '그리운 언덕'

뮈렌 Mürren

솔이에게 문자를 날린다.
'재미 있니, 풀장이?'
'함께 점심 먹고 또 각자 놀기로 하자. 넌 풀장, 함미 하삐는 쉬니게 플라테!'
즐거운 트레킹을 마치고 다시 라우터브루넨에서 만나 점심을 먹은 뒤 함께 휴식 시간을 갖는다.

알프스 오지 청정 마을에 가다

뮐렌 Mürren

"하삐, 오늘 재미있었어? 나도 수영하니까 너무 좋았어요."

"그래 너무 좋았는데, 솔이가 없으니 좀 심심했지. 오후에도 수영장 갈 거야?"

"응, 풀장에서 더 놀고 싶어요. 참, 어제 부처님이 어떻게 대답을 했어?"

집요한 녀석! 하삐가 쉴 틈을 주지 않는다.

알프스 오지 청정 마을에 가다

"그래, 부처님이 사랑하는 제자 수보리가 사람들이 깊은 지혜의 깨달음을 얻어 부처님처럼 참자유와 행복을 누리려면 어떻게 해야 하는지 물었지? 부처님은 수보리가 이미 깨달음을 얻어 자기는 잘 알고 있음에도 불구하고 다른 제자들이 부처님 말씀을 잘 이해하지 못하고 있어 일부러 질문한다는 것을 아셨어. 그래서 수보리의 질문을 칭찬한 뒤 설명을 해줬지."

뮈렌 Mürren

"부처님은 참자유와 행복을 누리면서 모든 괴로움에서 완전히 벗어나고자 하는 사람은 '자기는 물론 모든 생명이 있는 것들이 고민과 욕망에서 벗어나게 하고, 또 그들을 그 무엇에도 구속돼 매달림이 없는 상태로 만들어야 한다'고 하면서. 그렇게 함으로써 모든 생명체가 깨달음을 얻고 구제되도록 하겠다는 마음을 먼저 가지라 했지. 간단히 말해, 내 인생의 주인이 되어 자유롭고 행복한 삶을 누리고 싶은 사람에게 부처님은 '베푸는 마음을 가져라. 주는 마음을 가져라. 그러면 완전한 행복, 완전한 자유의 삶을 누릴 수 있다'라고 말씀하셨단다."

알프스 오지 청정 마을에 가다

佛告須菩提 諸菩薩摩訶薩 應如是降伏其心
불고수보리 제보살마하살 응여시항복기심

所有一切衆生之類 我皆令入無餘涅槃 而滅度之
소유일체중생지류 아개영입무여열반 이멸도지

'부처님이 수보리에게 말씀하셨다.
모든 보살마하살은 이와 같이 그 마음을 항복받느니라.

존재하는 모든 중생의 무리를
내가 다 완전한 열반에 들게 하리라.'

〈금강경〉 원문

뮈렌 Mürren

"어렵다. 그러면 하삐 말대로 하면 부처님처럼 되는 거예요?"
"아니, 솔이 너도 생각해봐. 네가 네 문제도 해결하기 힘든데 다른 사람들까지 깨우치게 해서 행복하게 만들어야 한다니, 정말 어렵고 도무지 이해가 안 가는 말씀이 아냐? 그래서 부처님은 그렇게 어렵다고 생각할 줄 알고 또 말씀하셨지. 부처님은 '모든 목숨을 가진 생명체들이 다 깨달음을 얻고 구제를 받으려면 마음속에 있는 '상相'을 지워 없애야 한다'고 말씀하셨단다. 부처님이 말씀하신 '상相'이란 솔이 네 마음속에 있는 '나다, 너다', '깨끗하다, 더럽다', '좋다, 나쁘다' 등 생각을 가리키지. 부처님은 흔히 사람들이 뱀을 보고 징그럽다 하고 돼지를 보고 더럽다고 하지만 실제로 뱀이나 돼지가 그런 것이 아니듯 더러움과 깨끗함, 착한 것과 악한 것 등은 사람들이 생각으로 지어낸 것이고 정말 그런 것처럼 착각하는 것이라는 뜻으로 말씀하신 거야. 그래서 부처님은 '사람들이 자기 멋대로 지어낸 마음속의 착각을 지워 없애라'고 하셨지. 그래야 부처가 될 수 있는 자격을 얻을 수 있다는 뜻이란다."

알프스 오지 청정 마을에 가다

須菩提 若菩薩 有我相人相衆生相壽者相 卽非菩薩
수보리 약보살 유아상인상중생상수자상 즉비보살

'수보리여!
만약 보살에게 아상, 인상, 중생상, 수자상이 있다면
그는 보살이 아니다.'

〈금강경〉 원문

뮌렌 Mürren

"좀 어렵지? 솔이한테는 어려운 내용일 거야. 지금은 그냥 들어두고 다음에 커서 하삐 얘기를 곰곰이 생각하면 이해하는 날이 올 거야. 어제 본 꽃과 나무 중 어느 것이 더 예뻤어?"
"꽃이 더 예뻤지!"
"그럼 나무와 풀 중에는 어떤 것이 더 예뻤는데?"
"으음, 나무가 더 예뻤어요!"
"그럼 꽃과 나무 중에는 나무가 안 예뻤고 나무와 풀 중에는 나무가 예쁜 거네. 그렇다면 솔이 네 생각에는 나무는 진짜 예쁜 거야, 안 예쁜 거야? 나무는 어떨 때는 예쁘고, 어떨 때는 또 안 예쁘고?"

"……"

"부처님이 바로 그 말을 하고자 한 거야. 어떤 물건이나 사람을 보고 '예쁘다, 안 예쁘다', '옳다, 그르다, 좋다, 나쁘다' 얘기하는 것은 네가 방금 나무를 보고 예쁜지 안 예쁜지 얼른 결론을 내지 못한 것처럼 나무 그 자체는 예쁜 것도 아니고 안 예쁜 것도 아니야. 나무는 그냥 나무로 태어났을 뿐인데, 괜히 사람들이 자기 생각대로 예쁘다 안 예쁘다 말하는 것뿐이지. 그렇게 말한 사람들의 생각일 뿐이라는 뜻이야. 그래서 사람들 마음속의 이런 생각을 지워 없애 세상 모든 것을 있는 그대로 보라는 것이 부처님이 말씀하신 '상相을 지워라'는 말씀이란다. 좀 더 쉽게 얘기하면, '상'을 지웠다는 말은 곧 세상 만물을 있는 그대로 본다는 뜻이지."

"아하! 꽃과 나무로 얘기하니까 조금 알 것도 같아요."

"응. 그래서 '상'을 지웠다, 여의었다라고 말할 수 있는 것은 나와 다른 삶의 방식, 나와 다른 의견과 주장, 나와 다른 종교와 신앙, 나와 다른 사랑의 방식도 모두 있는 그대로 볼 수 있어야 한다는 뜻이란다."

뮈렌 Mürren

"부처님은 이런 모든 것을 종합해 말씀하시기를 '무릇 상이 있는 것은 다 허망하니 만일 모든 상이 상이 아님을 본다면 곧 여래를 볼 것이다'라고 하셨지."

알프스 오지 청정 마을에 가다

佛告須菩提
불고수보리

凡所有相 皆是虛妄 若見諸相非相 卽見如來
범소유상 개시허망 약견제상비상 즉견여래

'부처님이 수보리에게 말씀하셨다.
무릇 모든 상은 허망하다.
만일 모든 상이 상상이 아님을 본다면
곧 여래를 볼 것이다.'

〈금강경〉 원문

뮈렌 Mürren

알프스 오지 청정 마을에 가다

이건 여행이 아니라 고문이다. 손녀한테 붙잡혀 꼼짝없이 〈금강경〉 도사가 될 판이다.

점심시간 내내 휴식이 아닌 곤욕을 치른 뒤 다시 오후 일정을 위해 길을 나섰다.
솔이는 수영장으로, 우리는 쉬니게플라테로!

쉬니게플라테 Schynige Platte

쉬니게플라테 Schynige Platte
향기로운 야생화 고원에 가다!

알프스 고원에 핀 야생화!

고원의 참모습을 보기 위해 쉬니게플라테Schynige Platte로 향했다. 처음 들어보는 낯선 지명이다. 뮈렌과 함께 어제 저녁 검색해 찾아낸 이곳, 알프스의 숨은 명소 중 한 곳이다. 꽃으로 단장한 '고산 식물원'이다. 비경을 놓칠세라 서둘러 꽃동산을 오른다.

쉬니게플라테 Schynige Platte

라우터브루넨에서 인터라켄으로 향하는 기차를 타고 내려간다. 이곳에, 엊그제 올라올 때는 보지 못한 숲속 실개천이 졸졸졸 흐른다. 어느 지점에 이르니 실개천이 콸콸콸 냇물을 이뤄 더욱 세차게 흐른다. 아마도 그린델발트에서 내려오는 융프라우, 묀히, 아이거 3봉의 만년설이 녹아내린 물과 합류해 큰 강이 된 듯하다. 옆자리 길손이 친절하게 우리가 내릴 역을 알려준다.

"여기서 내려 갈아타야 합니다."

바로 빌더스빌Wilderswil!

향기로운 야생화 고원에 가다

 역에서 내려 두어 칸 건너 플랫폼을 바라보니 케케묵은 구식 기차 몇 대가 서 있다.
"아마 저 기차를 타나 보네."
"그런가 봐, 낭만이 있겠는데!"
 19세기나 20세기 초쯤 만들어진 것같이 케케묵기는 했지만, 마음을 설레게 할 만큼 매력적이다. 늦은 시간이라 몇 안 되는 손님을 태우고 기차가 천천히 움직였다. 나무로 만든 기다란 의자에 걸터앉아 창이 없는 창틀에 팔을 얹고 바깥을 구경한다. 영화 속 알프스 소녀들이 입을 법한 치마저고리에 하얀 앞치마를 둘러맨 '나이 든 소녀'들이 일일이 기차 옆문을 닫아 고리를 확인해준다.

쉬니게플라테 Schynige Platte

 잠깐 밭고랑이 보이나 싶더니 기차는 어느새 산비탈을 요리조리 잘도 오른다. 톱니바퀴 열차답게 세월을 낚듯 천천히 기어 올라간다. 이 기찻길은 뒤돌아보면서 인터라켄을 구경하는 재미로 가야 하나 보다. 두 호수를 끼고 펼쳐진 도시가 제법 장관이다.
 도시보다는 두 개의 호수가 더 아름답다. 산과 산, 그 좁은 사이 틈을 비집고 모여든 만년의 빙하가 녹아내린 물!
 고요한 호수는 백초 만화 온갖 식물은 물론, 천수千獸의 모든 동물을 키워내고 있다.

향기로운 야생화 고원에 가다

 6월의 늦봄 기찻길 옆으로 온갖 꽃들이 향연을 펼친다. 이 꽃밭 말고 더 아름다운 꽃밭이 있다고? 이것만으로도 충분한데! 감탄을 연발하면서 노란 꽃, 그 꽃밭에서 동심의 세계로 돌아가 맘껏 뒹굴고 싶다. 이 꽃 저 꽃 노오란 꽃 사이로 하얀 이 드러내며 웃음 짓는 조그만 바위틈에 끼어 술래잡기도 하고 싶다.

쉬니게플라테 Schynige Platte

이름 알아주지 않아도
여기 피어 있습니다

스치며 눈길 주지 않아도
여기 피어 있습니다

풀숲에 묻혀 보이지 않아도
여기 피어 있습니다

누가 뭐래도 내가 꽃인 걸
하늘을 열어 놓고
여기 피어 있습니다

허호석 '풀꽃'

향기로운 야생화 고원에 가다

쉬니게플라테 Schynige Platte

 한참을 오르던 기차가 갑자기 멈춰 선다. 기차도 숨이 차서 쉬었다 가려는 걸까. 브라이트라우넨Breitlauenen 간이역, 1542m 고지에 자리한 역이다. 출발지 빌더스빌역이 고도 584m에 있고 쉬니게플라테가 1967m 고원이니 여기가 중간이다. 잠깐 기차에서 내려 뒤돌아 내려다본 브리엔츠 호수가 장관이다. 아름다운 호수에 취해 큰 숨을 몰아쉬는데, 내려오는 기차가 고동을 울린다.
 기차가 교차하는 곳이다. 다시 오른다는 사인과 함께 재촉이다. 빨리 내달아 눈에 잡힌 수돗가에 가서 얼른 물 한 모금으로 갈증을 달래고 기차에 오른다.

향기로운 야생화 고원에 가다

고원에 다 와가는지 멀리 산봉우리가 바로 눈앞에 다가선다. 기차가 높은 등성이를 가파르게 오르고 있다. 그린델발트 계곡과 뮈렌을 떠받치고 있는 협곡이 발아래로 아스라이 펼쳐진다. 한 시간 만에 쉬니게플라테에 도착한다.

쉬니게플라테 Schynige Platte

 2000여m 고원에 형형색색 수백 종의 꽃을 뿌려놓았다. 유난히 탐스럽고 새하얀 꽃이 시선을 끈다. 에델바이스Edelweiss다.
 에델바이스를 보니 알고 있는 동시나 동요는 없고, 대신 옛적에 즐겨 부르던 노래와 가사가 마음속을 파고든다. 그 가사가 품고 있는 아름다운 전원의 모습이 아른거린다.

향기로운 야생화 고원에 가다

Edelweiss, edelweiss
Every morning you greet me
Small and white
Clean and bright
You look happy to meet me
Blossom of snow may you bloom and grow
Bloom and grow forever
Edelweiss, edelweiss
Bless my homeland forever

에델바이스, 에델바이스
매일 아침 너는 나를 반기네
작고 하얀
맑고 환한
너는 나를 만나면 행복하니
눈속에서 피어나 꽃 피고 자라는 구나
꽃 피며 자라다오 영원히
에델바이스 에델바이스
내 고향을 영원히 지켜다오

쉬니게플라테 Schynige Platte

 야생화 단지에는 에델바이스 외에도 수레국화, 엔치안, 알핀로제 등 600종이 넘는 야생화가 자란다.
 키우고 가꿔서 보존하는 것이 아름다움으로 승화된다. 꽃 이름이 곳곳에 붙어 있으나 알아볼 수 없음이 안타까울 따름이다. 언젠가 다시 이곳을 찾아, 며칠을 두고 꽃과 함께 사귀어 그 이름 가슴에 담아가고 싶다.

향기로운 야생화 고원에 가다

쉬니게플라테 Schynige Platte

 쉬니게플라테를 오르면서 스위스인들의 자연을 가꾸고 사랑하고 보전하는 마음과 그것을 행동으로 실천해온 모습이 생생하게 느껴져 감동과 감사의 마음이 가슴 찡하게 울려온다. 자연은 늘 후손에게 빌려 쓰는 것일 뿐 당대 우리의 소유물이 아니라고 말한다. 이곳 알프스를 돌아다니면서 느낀 것은 스위스 선조들은 '후손을 위해 자연을 잘 빌려 쓰고 살아왔구나' 하는 것이다.
 쉬니게플라테를 보면서 '빌려 쓰는 것만이 아니라 거기에 뭔가를 더해 남겨주면서 살아왔구나' 하는 감동이 가슴 깊은 곳에서부터 샘솟는다.

향기로운 야생화 고원에 가다

장자莊子가 이르기를,

'適莽蒼者적망창자 三飡而反삼손이반 腹猶果然복유과연
適百里者적백리자 宿舂糧숙용량
適千里者적천리자 三月聚糧삼월취량'이라

푸른 교외에 가는 사람은 세끼만 먹고 돌아와도 배가 부르지만,
백리를 가는 사람은 밤새 양식을 찧어 준비하고,
천리를 가는 사람은 석 달 동안 양식을 모아야 한다.

라고 했다.

쉬니게플라테 Schynige Platte

 우리네 인간이 가야 할 길은 여러 갈래가 있다. 하루 만에 가서 해야 할 일이 있는가 하면 100리 길도 있고, 1000리를 가야 하는 길도 있다. 하룻길을 가는 사람은 삼시 세끼만 준비하면 되고, 100리를 가는 사람은 긴 밤을 꼬박 새워 식량을 마련해야 한다. 하물며 기나긴 1000리 길을 갈 사람은 양식을 어떻게 준비해야 할까? 자연을 지키고 가꾸는 길은 하루아침 하룻길, 몇백 년 100리 길이 아니다. 자연을 보존하는 길은 몇천 년, 몇억 년 겁을 쌓아가야 할 끝이 없는 길이다. '석 달 동안의 양식을 모아야' 하는 마음과 정성으로 느긋하고 차분하게 가꿔야 한다.
 알프스를 가꾸고 보존해온 스위스 사람들의 지혜와 슬기를 배워야 할 듯싶다.

향기로운 야생화 고원에 가다

 쉬니게플라테 정상의 꽃밭을 거닐다 보니 융프라우 등 3대 거봉이 한눈에 들어온다. 장엄한 산봉우리를 가슴에 안으면서 야생화 꽃밭을 거니는 맛이 일품이다. 정상에서부터 꽃밭을 지나 오베르베르크호른Oberberghorn을 거쳐 라우셔호른Loucherhorn까지 5.2km의 트레킹이 이곳 방문의 절정이 아닐까 싶다. 여기서 또 파울호른Faulhorn을 거쳐 그린델발트의 피르스트까지 가는 트레킹 코스는 하이킹의 메카라 불릴 만큼 인기 있는 전통 하이킹 코스다. 반나절 거리의 꽤 긴 코스라 이것 또한 다음 기회로 미뤄놓는다.

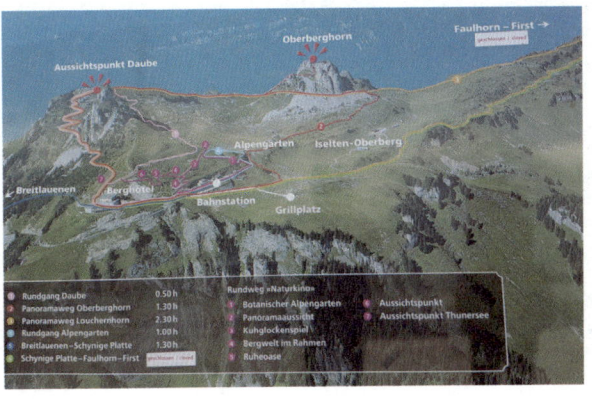

쉬니게플라테 Schynige Platte

 이곳을 오가는 기차는 6월부터 10월까지 운행한다. 10월부터는 눈이 많이 내려 다닐 수가 없는 모양이다. 그래도 8월부터 10월까지 야생화 축제가 열린다고 하니, 6월은 좀 이른 걸까? 고원의 야생화를 맘껏 즐기고 막차 바로 앞차를 타고 하산한다. 노랫말처럼, 태곳적부터 알프스를 지켜온 에델바이스가 그네들 고향을 영원히 지켜줄 것을 믿으면서.

향기로운 야생화 고원에 가다

 빌더스빌에서 다시 기차를 타고 라우터브루넨을 거쳐 벤겐에 도착한다. 7시쯤인가. 꽤 늦은 시간이다. 수영장에 다녀온 솔이와 만나 저녁을 먹으러 가려는데, 이곳 마을에서 전통 축제가 열린단다. 부랴부랴 축제장으로 간다.

 하루의 피곤함도 잊고 마을 사람들과 어울려 함께 춤도 추고 노래도 하면서 한때를 즐긴다. 옛 목동들이 불렀음직한 긴 알펜호른 Alpenhorn 등 전통 악기가 즐거움을 더해준다. 전통을 지키고 이를 펼쳐 보이려고 애쓰는 이들의 노력이 가상해 보이기까지 한다. 잘 지켜내리라 믿는다. 1893년에 처음 운행을 시작, 130여 년 된 기차를 닦고 보존해 쉬니게플라테까지 아직도 운행하고 있는 이들의 저력을 믿어본다.

쉬니게플라테 Schynige Platte

 저녁을 먹은 뒤 또다시 〈금강경〉 강의를 시작했다. 그래 까짓것, 나도 이렇게 아예 통달을 하자!

"솔아, 하삐가 점심 먹으면서 했던 부처님 말씀 생각나지?"
"아니, 생각은 안 나지만 다시 얘기해주면 떠오를 것 같아요."
"부처님은 내 인생의 주인이 되어 자유롭고 행복한 삶을 누리고 싶은 사람은 '베푸는 마음을 가져라, 주는 마음을 가져라, 그러면 완전한 행복, 완전한 자유의 삶을 누릴 수 있다'라고 말씀하셨단다. 그렇다고 '베푸는 마음, 주는 마음'만 가지면 되는 것이 아니라 실제로 자기가 갖고 있는 재물이나 지식 같은 것을 베풀고 나눠야 한다고 말씀하셨지."
"그러면 아무한테나 뭐든 막 주면 되는 거예요?"
"맞아! 불교에서는 남에게 아무 조건 없이 재물이나 불법을 베푸는 것을 '보시'한다고 말하거든. 그런데 이렇게 베푸는 '보시'를 할 때는 '내가 너한테 이만큼 베풀었으니 너도 언젠가 나한테 그만큼 베풀어주겠지' 하는 바람을 가지고 베풀어서는 안 된다고 부처님은 말씀하셨단다. 상대에게 베푸는 것으로 내 할 일은 모두 끝났다는 마음, 베풀었다는 생각도 없이 행하는 보시가 행복해지는 길이라고 강조한 것이란다."

향기로운 야생화 고원에 가다

菩薩 於法 應無所住行於布施 所謂不住色布施
보살 어법 응무소주행어보시 소위부주색보시

不住聲香味觸法布施
부주성향미촉법보시

須菩提 菩薩 應如是布施 不住於相
수보리 보살 응여시보시 부주어상

'보살은 법에 머문 바 없이 보시를 행할지니
이른바 색에 머물지 않고 보시하며

소리와 향기와 맛과 감촉과 법에 머물러 보시하지 않느니라.

수보리여! 보살은 마땅히 이렇게 보시하되 상에 머물지 않는다.'

〈금강경〉 원문

쉬니게플라테 Schynige Platte

"그러면 내가 도와주고 베풀어주는 보람이 없잖아. 그래도 내가 도와주고 또 그 사람이 알아야 도와준 보람도 있는 거지, 안 그래요?"

"솔아, 엄마 아빠가 너한테 뭐든지 다 해준다고 생각하지? 말하자면 옷도 마음에 드는 걸로 사주고 학원에도 보내주고, 이번처럼 여행하고 싶을 때 여행도 함께 해주고. 네가 하고 싶은 것 다 해주고 먹고 싶은 것 다 먹게 해주고. 엄마 아빠가 할 수 있는 것은 다 해주고 있는 거지?"

"내가 하고 싶다고 하면 거의 다 해주고, 외국에 데려가서 영어 공부도 시켜주고, 다 잘해주고 있지. 그게 왜?"

"엄마 아빠는 너한테 뭐든 잘해주고, 있는 것 없는 것 다 주면서 베풀지. 그런데 니네 엄마 아빠가 혹시 지금 너한테 베풀어준 만큼 네가 커서 갚아주기를 바라는 건 아닐까?"

"……아닐 거예요. 내가 딸이니까 잘해주고 공부도 시켜주고 하는 거지. 보상 같은 걸 바라고 잘해주는 건 아닐 거야, 그치 엄마?"

향기로운 야생화 고원에 가다

菩薩 無住相布施福德 亦復如是 不可思量
보살 무주상보시복덕 역부여시 불가사량

'보살이 상에 머물지 않고 보시하는 복덕 또한 이와 같아서
가히 생각하여 헤아릴 수 없다.'

〈금강경〉 원문

쉬니게플라테 Schynige Platte

"그래 바로 그거야. 우리나라에 법륜 스님이라는 분이 계시는데, 그분 말씀이 부모가 자식 키울 때 자식들에게 기대하고 바라는 마음 없이 베푸는 것이야말로 부처님이 말씀하신 '보시'라고 하셨단다. 그분 말씀을 그대로 얘기해줄게. 부모가 자식을 사랑하는 모습을 보면 이런 이치가 잘 드러난다. 바라는 마음 없이 자식을 낳고 키우며 사랑을 베풀었다면 그 어떤 상황에서도 '내가 너를 어떻게 키웠는데 나한테 이럴 수가 있느냐' 하는 마음이 일어나지 않는다고 하셨어. '내가 너를 어떻게 키웠는데' 하는 마음 없이 낳고 키우며 조건 없이 사랑을 베푼 부모님의 베품이 참베품이고 부처님의 참보시라고 할 수 있단다."

"그러니까 엄마 아빠가 나한테 바라는 거 없이 뭐든 해주듯이 나도 친구들을 도와주거나 뭘 해줄 때, 다음에 나한테도 그 친구가 뭘 해주겠거니 바라지 말고 그냥 주거나 해주면 된다는 말이죠? 간단히 얘기하면 될 걸 어렵게 얘기해, 하뻐는."

어휴 골치야, 또 하루가 지나간다.

향기로운 야생화 고원에 가다

피르스트 First

피르스트 First
하늘 아래 첫 동네

하늘 아래 첫 동네, 피르스트First에 간다.

천상에서 지상으로 내려오다 처음으로 마주친 아름다운 곳이 피르스트다. 구름도 머물다 가고 바람도 산허리 급히 돌아 쉬어가고 따사로운 햇살도 푸른 풀밭 위에 또르르 뒹굴어 속삭이는 천상의 마을 피르스트다. 피르스트가 벤겐에서 보내는 마지막 일정이 될 것이다. 오늘 피르스트를 구경하고 내일은 융프라우 지역을 떠나야 한다.

피르스트 First

 벤겐에 짐을 풀 때부터 '저 가파른 뒷산만 넘으면 그린델발트가 있을 것 같은데?' 하는 감이 있었다. 벤겐 시내의 가게에서 가벼운 등산용 백팩을 사면서 주인에게 물어보았다.
"마을 뒷산에 케이블카 줄 같은 게 보이던데, 혹시 그린델발트 가는 케이블카가 있나요?"
"맞아요. 저 산 너머에 그린델발트가 있답니다. 케이블카 타고 정상에 올라가면 그린델발트에 갈 수 있고, 케이블카는 아침 8시경부터 운행이 시작될 겁니다."
 역시 나의 예상이 맞았다.

하늘 아래 첫 동네

 이른 아침인데도 케이블카 안은 사람들로 가득했다. 뒷동산 정상이 2229m 맨리핸Männlichen이다. 높아 보이지는 않지만, 깎아지른 듯 가파르다. 저곳을 어떻게 넘나 싶었는데, 역시 케이블카가 있다. 정상에 오르면서 내려다본 벤겐의 풍경이 한 폭의 그림이다. 계곡과 산 정상의 중턱에 자리 잡은 산간 마을이다. 옹기종기 모여 있는 마을이 우리네 강원도 어느 산골처럼 정겹게 느껴진다.

피르스트 First

맨리헨 정상에는 트레킹 코스의 갈림길이 있었다.

여기서 클라이네샤이덱, 그린델발트, 라우터브루넨, 알피글렌 등에 갈 수 있다. 그린델발트까지는 버스를 이용할 수 있다. 케이블카로 연결되지 않을까 기대하고 갔으나, 케이블카를 설치하는 공사가 한창이라 트레킹을 하거나 버스를 이용할 수밖에 달리 방법이 없었다.

하늘 아래 첫 동네

여기저기 구경하면서 20여 분 기다리니 버스가 도착한다. 3년 전 그린델발트에 머무르며 꼭 한번 걸어 올라가보고 싶었던 건너편 언덕길이 지금 버스로 내려가는 바로 이 길이다. 비록 걷지는 않았지만, 버스를 타고 목장의 초원을 구불구불 가로지르는 멋이 더욱 정감을 느끼게 한다.

버스가 다닐 수 없을 만큼 좁은 밭두렁길 옆으로 펼쳐진 꽃밭을 엉금엉금 기어간다.

피르스트 First

 피르스트에 가기 위해서는 먼저 그린델발트에서 곤돌라를 타는 것이 순서다. 물론 그린델발트에서 산악 등산으로 올라갈 수도 있다. 꼬맹이 솔이와 함께 그린델발트 시냇길을 걷기로 한다. 그린델발트 중심거리 하우프트 거리를 걸어 올라 피르스트 전망대행 곤돌라 승강장으로 간다.

 알프스의 상큼한 산내음이 물씬 풍긴다. 피르스트 전망대는 표고 2168m 지점에 자리한 하이킹 코스의 시발점이다. 곤돌라를 타고 오르는 내내 발밑으로 펼쳐진 그린델발트 초원의 풍경에 탄성이 절로 나온다.

하늘 아래 첫 동네

피르스트 정상에 올라 가슴을 펴고 명산 아이거를 품에 안는다. 힘들어하는 솔이를 데리고 꼭대기 언덕마루에 오른다. 꽃밭과 풀밭이 어우러진 멋진 산골 마을이 발아래로 펼쳐진다. 서울에 있는 친구들을 생각하는 듯하던 솔이가 발밑에 피어난 들꽃이 예쁘고 사랑스러운지, 풀도 만져보고 꽃 내음도 맡으면서 산마루 동산을 뛰논다.

피르스트 First

산에 가면
산꽃들이 환하게 피어 있고요
들에 가면
들꽃들이 예쁘게 피어 있어요
어두운 밤하늘엔
별들이 도란도란 빛나고요
우리나라엔
우리들이 반짝반짝 빛나요

산에는 산꽃
들에는 들꽃
밤하늘엔 별꽃
우리나라엔
우리들이 꽃이에요

김용택 '우리나라 꽃'

하늘 아래 첫 동네

"솔아, 저기 무서운 절벽에 뽕뽕다리(클리프 워크)가 있거든. 너는 무서워서 걸어가기 힘들 텐데, 가볼 거야?"

"뽕뽕다리가 뭔데요?"

"가보면 알 거야. 너는 못 갈 테니 하삐랑 다른 데 구경하고 함미랑 엄마 아빠만 갔다 오라고 하자."

뽕뽕다리가 아찔해 보인다.

"야아, 참 무섭게 만들었네. 다리가 출렁거리면서 막 움직이는 거예요?"

"아니, 움직이지는 않아. 아래만 내려다보지 않으면 괜찮아."

"그럼 안 무섭겠는데. 나도 갈 수 있어요. 아마 아빠가 못 갈 것 같은데? 아빠는 고소공포증이 있으니까. 하하하!"

피르스트 First

솔이 아빠는 빠지기로 하고 네 사람만 뽕뽕다리로 간다. 수백 미터 높이의 바위 절벽을 꽤 길게 휘감아 도는 철제 뽕뽕다리다. 발밑을 내려다보면 아찔하게 현기증이 난다. 그 험한 길을 솔이가 엄마보다 더 잘 걸어간다. 사진을 찍어주려고 뒤처진 하삐에게 조심하라며 귀염귀염 손짓도 해주는 여유를 부리면서.

하늘 아래 첫 동네

피르스트 First

 산장 카페에서 음료수로 목을 축이고 지친 몸을 추스르게 한 다음 솔이의 마음을 떠본다.
"솔아, 여기서 한 시간 정도 걸어가면 세계에서 가장 아름다운 호수가 두 개 있는데, 한번 가볼까? 정말 스위스에 왔다는 실감을 하게 될 거야."
"가는 데 한 시간이면 왔다 갔다 두 시간이라는 뜻인데, 안 갈래요. 너무 힘들어!"
"아마 후회할 텐데. 엄마 아빠도 꼭 보면 좋겠는데."
"안 돼. 하삐가 한 시간이라고 했지만 두 시간 이상 걸릴 게 분명해. 그치 하삐, 말해봐요!"

하늘 아래 첫 동네

 작년에 가족들을 데리고 고향에 있는 천관산에 오른 적이 있다. 그때 너무 힘들어하길래 "솔아 조금만 가면 평평한 곳이 나와", "솔아 조금만 가면 돼" 하면서 서너 번 앞당겨 격려를 해줬더니, 제깐엔 하삐가 거짓말한 것으로 받아들인 것 같다.
 "하삐는 거짓말쟁이" 하면서 중간에 대성통곡을 했는데, 아마도 그 생각이 났나 보다.
 결국 우린 뽕뽕다리만 보고 바흐알프제Bachalpsee 호수는 포기했다. 3년 전 눈이 약간 쌓인 가을에 와봤기에 초록으로 물든 6월의 바흐알프제 호수에 꼭 한번 가보고 싶었는데. 아쉬웠지만 발길을 돌릴 수밖에 없었다. 몇 번인가 뒤돌아보며 멀리 뻗은 바흐알프제 가는 길에 눈길을 주면서.

피르스트 First

다시 곤돌라를 타고 그린델발트로 내려와 마트에 들렀다. 솔이는 쇼핑을 좋아하는데, 특히 스위스 전통 초콜릿에 관심을 보인다. 한쪽 기다란 진열대에 잔뜩 쌓여 있는 우리나라 라면을 보던 솔이가 기겁을 한다.

"완전 한국이잖아! ○○라면이 왜 이렇게 많아요? 라면은 우리나라에서만 만드나?"

어린 아이라 놀랄 만도 하다. 높고 긴 진열대에 국산 라면이 가득 쌓여 있어 우리도 깜짝 놀랐다.

스위스는 아이쿱Icoop이 번창한 듯하다. 이곳 그린델발트는 물론 벤겐에도 아이쿱이 마트를 독점하고 있었다. 상품도 다양하지만 품질이 좋은 데다 값도 저렴해 믿고 살 만하다. 특히 먹거리 쇼핑을 할 때 제격이다.

"솔아, 오늘은 구경 다 했는데, 이제 뭘 할까? 배가 고픈데 점심이나 먹을까?"

"많이는 안 고픈데, 그래도 점심을 먹긴 해야죠. 맛있는 거 먹고 싶어요."

"그럼 그린델발트 말고 인터라켄에 가서 먹을까?"

아마도 양식이 아닌 한국 음식이 생각날 것이다. 우린 기차를 타고 인터라켄으로 갔다.

하늘 아래 첫 동네

 인터라켄에 한국 음식점이 있나 물어봤지만 찾기가 쉽지 않았다. 아니면 한국 식당이 없는지도 모르겠다 싶어 대신 중국 음식집을 찾았다. 다행히 역 광장 바로 옆에 중국 식당 간판이 보였다. 세련되고 전통의 맛을 내는 집 같지는 않았지만 그런대로 괜찮은 집 같았다. 새우 요리에 탕수육 비슷한 것, 볶음밥 등 솔이 입맛에 맞을 만한 메뉴를 주문했다. 식사를 마치고 이곳저곳 들러 인터라켄을 일별한 뒤 느지막이 벤겐으로 간다. 벤겐 숙소에 도착해 오늘은 휴식을 취하고 짐 정리를 해야 한다. 솔이 아빠는 내일 새벽 프랑크푸르트를 거쳐 귀국해야 하고, 우린 다음 여행지로 떠나야 하기 때문이다. 짐도 챙기고 석별의 파티도 해야 한다.

피르스트 First

 조촐한 이별의 파티를 끝내고 오랜만에 휴식을 취하면서 TV를 보려는데 솔이가 다가왔다. "하삐, 부처님 말씀 더 안 해줄 거예요?"
 어휴, 오늘 저녁 또 부대끼게 생겼다.

하늘 아래 첫 동네

"그래, 솔아! 부처님은 모든 상이 허망하니 상이 상이 아니라고 보면, 그것이 곧 부처님을 보는 것과 같이 참자유와 행복을 누릴 수 있는 것이라고 말씀하셨지. 그런데 제자 수보리가 생각하기에 '지금은 부처님이 여기에 계시니까 부처님 말씀을 믿고 따르겠지만, 아주 먼 훗날 부처님이 안 계셔도 부처님의 말씀과 문장과 글귀를 듣고 꾸밈이나 거짓이 없는 진실된 믿음을 가지고 사람들이 따르겠습니까?' 하고 물었단다."

피르스트 First

須菩提 白佛言 世尊
수보리 백불언 세존

頗有衆生 得聞如是言說章句 生實信不?
파유중생 득문여시언설장구 생실신불?

'수보리가 부처님께 물었다
세존이시여!

중생들이 이와 같은 말씀과 문장과 글귀를 듣고
실다운 믿음을 내겠습니까?'

〈금강경〉 원문

하늘 아래 첫 동네

피르스트 First

"수보리의 물음에 부처님은 단호하게 말씀하셨지. '수보리여, 그런 말은 하지도 마라. 설혹 내가 없는 시대라도 계戒를 지니고 복福을 닦는 사람이라면 가능하다'고 대답하셨어. 여기서 부처님이 말씀하신 복福이란 재물이나 권력, 명예나 개인의 건강 같은 그런 세속적인 복이 아니야. 증오와 미움이 사라지고, 악을 멀리하고 선을 닦는 마음에서 진심으로 우러나오는 복을 말한단다. 이렇게 부처님이 보이지 않고 옆에 계시지 않더라도 늘 마음을 닦고 참자유와 행복한 삶을 위해 노력하면 청정한 믿음을 내어 깨달음의 문을 두드리게 된다고 하셨어."

하늘 아래 첫 동네

如來滅後 後五百歲
여래멸후 후오백세
有持戒修福者 於此章句 能生信心 以此爲實
유지계수복자 어차장구 능생신심 이차위실

'여래가 열반에 든 뒤 오백세에

계를 지니고 복을 닦는 자 있으면
이 문장과 글귀에 능히 믿는 마음을 내
이로써 실다움을 삼을 것이다.'

〈금강경〉 원문

피르스트 First

"부처님은 또 불법을 뗏목에 비유하셨단다. 그러니까 부처님의 가르침은 모두 깨달음에 이르기 위한 과정일 뿐이지 그 자체가 목적이 아니라는 말씀이지. 한 나그네가 강을 건너려는데 마침 뗏목이 하나 있어 그 뗏목을 타고 강을 건넜단다. 무사히 강을 건너고 나니 나그네가 생각하기에 그 뗏목이 너무 고맙고 소중한 생각이 든 거야. 그래서 나그네는 고마운 뗏목을 고이 간직해야겠다 싶어 뗏목을 어깨에 메고 다시 길을 나섰단다. 솔아, 그게 말이 되니?"
"으응, 말도 안 돼요. 그냥 놔두고 가야지. 멍청하네!"
"그래 맞아. 부처님은 불법을 이 뗏목에 비유한 거야. 강을 건너면 고마웠던 뗏목을 버리고 길을 가야 하듯 부처님의 말씀인 불법 역시 집착해서는 안 된다고 말씀하시고 싶으신 거야. 뗏목의 그 쓰임새대로 다 썼으면 강가에 놔두듯이 이렇게 부처님의 말씀인 불법조차 집착하지 않고 놓아버려야 한다는 것이야. 부처님의 말씀은 외우거나 공부하는 데 목적이 있는 것이 아니라 깨달음에 이르는 길을 안내하는 안내자일 뿐이라는 뜻이지. 뗏목처럼! 그래서 안내를 받았으면 빨리 버려야 내가 비로소 깨달음의 주인이 된다는 거야. 부처님의 말씀인 불법도 참주인이 되면 버려야 하거늘, 하물며 내 생각이나 고집, 재물이나 명예, 권력 따위는 말할 것도 없이 집착해서는 안 된다는 말씀이란다."

하늘 아래 첫 동네

피르스트 First

如來常說
여래상설
汝等比丘 知我說法 如筏喩者
여등비구 지아설법 여벌유자
法尙應捨 何況非法
법상응사 하황비법

'여래는 항상 말하노니

너희 비구는 나의 설법을
뗏목에다 비유한 것과 같이 알지니
법도 응당 버려야 하거늘
하물며 법이 아닌 것이랴.'

〈금강경〉 원문

하늘 아래 첫 동네

"솔아, 꼭 부처님이 아니더라도 사람들이 비슷하게 하는 말이 있어. '황금에 집착하면 황금이 주인이 되어 내 인생을 지배하고 나는 황금의 노예가 된다'라고들 말하지! 지금 부처님 말씀이 또 같은 말일 거야. '내가 주인이 되면 내가 세상을 움직일 수 있으나, 상에 집착하면 그 상이 나의 주인이 된다'라고 하신 말씀 중 그 상이 바로 아까 말한 '황금'이야. 그래서 상에 집착하는 것은 황금에 집착한 것처럼 그 상이 나를 꽁꽁 묶어 스스로를 구속하게 되는 것이지. 부처님이 '상을 버려라 상을 여의어라, 그것이 내 인생의 자유와 행복을 활짝 열어주는 불법 부처님의 길이다'라고 말씀하신 뜻이야. 어렵지 않니? 이제 하뻬도 설명하기가 점점 어려워지는데 어쩌냐?"

"힘든 건 알겠는데, 그래도 약속은 약속이니까! 안 되면 가지고 온 책이라도 읽어주고."

요 녀석, 끝까지 양보는 없다 이거지.

피르스트 First

덤으로 바흐알프제Bachalpsee 호수를 소개한다.

이번에 못 간 곳, 3년 전 여행길을 회상하며……

곤돌라 종착점 피르스트 전망대에서 내려 호수를 향해 발걸음을 옮긴다. 피르스트 전망대를 뒤로하고 느림의 행보를 한다. 2000m가 넘는 산악지대를 걸으려면 완보緩步가 최고다. 부족한 산소에 우리의 걸음을 맞춰야 한다.

하늘 아래 첫 동네

첫걸음을 떼어놓자마자 장관이 펼쳐진다. 안개 속 아슬아슬한 절벽에 매달린 또 하나의 전망 코스다. 발밑이 아찔하고 오금이 저려온다. 눈이 사르르 내려앉은 산허리를 타고 천천히 걷는 것이야말로 알프스의 제맛이다. 한 발 한 발 천천히 걷는다.

피르스트 First

 오르면서, 길가 풀섶으로 내려가 긴 숨 내쉬면서 한 움큼 쉰 바람 잡아 삼킨다. 둘이서 정겹게 흰 눈이 소복이 쌓인 알프스의 정원을 거닌다.

하늘 아래 첫 동네

바람 타고 흰 구름 속 선경을 거닐 듯 무념무상 무아지경을.
 티 없이 깨끗한 알프스 자연 속을 한 점 흠 없이 맑은 마음으로 넋을 놓고 거닐어본다. 피르스트 전망대에서 바흐알프제 호수까지는 약 한 시간 거리다.

피르스트 First

 우리는 한 시간 반 정도의 속도로 걷는다. 우선 사진도 찍어야 하고 고산증 예방도 해야 한다. 더구나 아름다운 알프스를 완상翫賞해야 하니 급할 것이 없다. 오르는 동안 알프스의 날씨는 종잡을 수 없을 만큼 변화무쌍하다. 환한 풍경이 아름답다 싶으면 어느새 바람 타고 몰려든 안개가 자욱해지면서 깜깜이 절벽이 나타난다.

하늘 아래 첫 동네

 한참을 최대한 느리게 걷다 보니 우리네 젊은이들이 힘차게 스쳐 지나간다. 한국말로 재잘거리면서 보무도 당당하다.
"어디서 오셨나요?"
"네, 대구에서 왔습니다."
"신혼부부 같은데?"
"네, 맞아요."
 씩씩하게 대답하던 두 사람이 우리를 보더니 연세도 많으신데 너무 부럽다고 입에 침이 마르게 칭찬한다. 자기 부모님에게도 꼭 해드리고 싶은 노후 여행이란다. 젊은이들과 함께 어울려 서로 사진도 찍어주고 다음 여행지 정보도 교환했다. 그리고 우리는 또 뒤처져서 천천히 걸음을 옮긴다.

피르스트 First

"우리는 어제 융프라우에 다녀왔는데, 언제 가시려오?"
"저희는 융프라우는 안 가기로 했습니다. 일정이 촉박해 피르스트가 더 매력적일 것 같아 이곳을 둘러보고 다시 체르마트로 갈 계획입니다. 융프라우는 기차 타고 쑥 올라가지만 여기는 이렇게 걸을 수 있어서 더 매력적인 것 같습니다."
"하하, 이렇게 손을 꼭 잡고 가니까 더 좋다는 뜻이고먼?"
"하하, 어떻게 아셨어요?"

하늘 아래 첫 동네

여러 팀을 만나 이런저런 사연 듣는 것도 완상 여행의 묘미일지니. 이곳에 들른 모든 신혼부부에게 행복이 깃들기를 빈다. 바흐알프제 호수까지 가는 동안 알프스의 하늘을 날고 하늘 아래 첫 땅을 밟고 초원 위에 널린 이름 모를 들풀의 향기를 맡는다.

피르스트 First

쉬엄쉬엄 걷다 보니 어느새 바흐알프제 호수에 도착했다. 두 개의 작은 호수가 보기 좋게 자리 잡고 있다. 맑고 깨끗하고 청량한 물에 손을 담가본다. 시리고 아프다. 천만년을 이어온 물이 속세의 때를 씻어내는 아픔일지라!

한 움큼 들이켜 뱃속의 때도 씻어내고 싶은 충동을 느낀다.

하늘 아래 첫 동네

이 고요하고 한산한 곳에 숨어
예쁘게 자라나는 꽃,
달콤한 꽃잎은 만지는 이 없이 피어나고
작은 가지는 보는 이 없이 뻗는구나
너를 짓밟을 발이 올 리 없고
눈물지게 할 손도 없다

피르스트 First

자연이 흰 옷을 입혀주고
사람의 눈을 피하도록 일렀다
여기에 돌보는 그늘을 마련하였고
근처에 졸졸 흐르는 개울을 보내주었구나
이렇게 조용히 너의 여름은 가고
너의 날들은 휴식으로 기운다

하늘 아래 첫 동네

스러질 너의 매력 앞에서
나는 아프고 슬프다
에덴동산에 피어나던
명랑한 꽃들 역시 죽어야 했다
사정없는 서리와 가을의 위력
이 꽃의 자취를 남기지 않으리라

피르스트 First

아침 해와 저녁 이슬로부터
이 작은 꽃이 왔던 것
한때 없었던 몸이니 잃을 바 없다
죽어도 마찬가지이니
그 사이 공간은 겨우 한 시간
꽃은 연약한 지속이여

앙드레 프레노 '들에 핀 만병초'

하늘 아래 첫 동네

시 한 수 읊으면서 완속으로 걷다 보니 시간이 좀 걸린다. 피르스트 전망대에서 바흐알프제 호수까지 왕복 세 시간이 걸리지 않았나 싶다. 다시 호수에서 전망대까지 내려와 전망대에서 상큼한 공기를 들이마시며 간단한 식사를 한다. 식사를 마친 뒤에는 곤돌라를 타지 않고 걸어 내려가기로 한다. 내려가면서 바라다보는 아이거 북벽이 장관일 것 같았다. 아이거 북벽은 그랑드조라스, 마터호른과 함께 알프스 3대 북벽 중 하나다.

피르스트 First

피르스트 전망대에서 슈렉펠트 Schreckfeld 중간역까지 한 구간을 걷는다. 나는 내려오면서 전 구간을 걸을까 생각했으나 역시 동반자의 체력 한계로 한 구간만 걷기로 했다. 알프스의 풀잎 하나하나가 모두 신비스러운 다른 세계 속 자연을 느끼게 했다. 아이거 북벽 아래 계곡을 이루고, 그 계곡을 따라 펼쳐진 그린델발트는 그야말로 한 폭의 그림이다.

하늘 아래 첫 동네

푸른 초원에 말과 양 떼가 노닐고 산 아래를 휘감아 도는 사이프러스 숲이 알프스의 산악을 상징하고, 그 산 중턱에는 어슴푸레하게 흘러내린 안개에 휩싸인 만년 빙하가 위엄을 자아낸다. 30여 년 전 이곳에 왔을 때는 빙하의 눈이 산자락 훨씬 밑부분까지 내려와 있었는데, 지금은 먼 발치에서 바라볼 수 있을 만큼 뒤로 물러나 있다. 지구온난화의 심각성을 절감할 수 있는 증좌를 보면서 문명의 이기가 씁쓸하게 다가온다.

피르스트 First

그린델발트로 내려오는 길, 이곳이야말로 산악 스포츠의 모든 것을 즐길 수 있는 곳이 아닌가 싶다. 산악 자전거, 행글라이더 등 많은 레포츠가 마련되어 있다. 그린델발트는 스위스 산악 트레킹을 위한 교통의 요지이자 알프스의 전형적인 전원 마을이다. 3박 4일의 일정은 너무나 짧아 아쉬움을 남긴다. 피르스트에 다녀오면서 언젠가 다시 한번 그린델발트의 또 다른 계절을 보러 오자고 약속해둔다.

하늘 아래 첫 동네

마터호른 Matterhorn

마터호른 Matterhorn
'초원의 봉우리'에 오르다

알프스 '초원의 봉우리', 마터호른!

세계의 영봉이자 알프스의 준봉으로 꼽히는 마터호른Mtterhorn에 가기로 했다. 기대와 설렘으로 가슴이 콩닥콩닥 뛰고 숨이 막힐 만큼 뭉클함이 밀려온다. 10여 년 전, 마터호른에 대한 동경과 애착을 갖게 됐다. 산봉우리의 웅대함, 꿋꿋하게 버티고 아래를 굽어보는 시선이 장엄하게 다가왔다. '언젠가는 꼭 한번 도전해보리라' 마음을 굳게 먹었다.

마터호른 Matterhorn

 손녀 솔이와 함께 부푼 꿈을 안고 마터호른에 가게 됐으니 어찌 가슴만 뛰겠는가. 초등학교 입학할 때 느낀 새로운 세계에 대한 호기심이랄까, 아니면 미지의 세계에 첫발을 들여놓을 때 가져본 설렘, 기대감, 두려움? 한껏 부푼 가슴을 애써 가라앉힌 뒤 솔이의 손을 꼭 잡고 벤겐의 숙소를 나선다. 오늘도 기나긴 기차 여행이 우릴 기다린다.

 마터호른을 볼 수 있는 도시 체르마트에 도착한다. 하루의 긴 여정이 이곳 체르마트에서 13시 14분에 끝난다. 다시 숙소를 찾아 짐을 풀고 동네를 산책하기 위해 나선다. 체르마트역에서 택시를 타니 숙소까지 쉽게 안내받을 수 있었다. 거리로 봐서는 그냥 걸어가는 것이 나을 성싶지만, 에어비앤비 숙소를 찾기 귀찮아 아예 택시 기사에게 맡기기로 했다. 거리에 나오니 날씨가 환상적이었다. 조그만 다리 위에서 바라다본 마터호른이 한눈에 들어온다.

'초원의 봉우리'에 가다

마터호른 Matterhorn

"야아, 이건 정말 축복이다. 날씨까지 받쳐주다니. 우리 지금 바로 마터호른 보러 가자. 이곳 날씨는 믿을 수가 없다니까. 조금 있다가 날씨가 심술을 부릴지도 몰라. 우리 얼른 기차 타러 가자. 내일을 기약할 수 없어!"

"하뻬, 나는 피곤해서 쉬고 내일 갈래. 함미하고 둘이 갔다 오면 안 돼요?"

"그래, 그럼 엄마랑 쉬면서 쇼핑도 하고 거리 구경도 하고 있어. 내일도 날씨가 좋을 것 같으니까 솔이는 내일 가면 되겠다."

'초원의 봉우리'에 가다

뮈렌에 이어 다시 한번 부부만의 오붓한 여행길에 나선다. 마터호른을 고스란히 볼 수 있는 고르너그라트Gornergrat 전망대행 3시 36분 기차를 탄다. 고르너그라트 전망대행 산악 기차를 타는 곳은 체르마트역 바로 맞은편에 있었다. 산악 기차를 타고 출발한 지 40여 분 만에 고르너그라트 전망대에 도착한다. 기차에서 내려 웅대하고 장엄한 산봉우리를 바라다보자 가슴이 뻥 뚫리고 차오른 뭉클함이 순간 폭발로 큰 한숨을 토해낸다.

마터호른 Matterhorn

 말로 형언할 수 없는, 가슴으로만 느껴야 하는 이 순간을 맞이하니 아픔의 추억이 떠오른다. 지금으로부터 7년 전, 국제 행사에 참가하기 위해 이탈리아 토리노에 간 적이 있었다. 토리노Torino까지 간 김에 마터호른에 가야겠다는 욕심이 생겨 볼차노Bolzano에 숙소를 예약하고 베네치아에 렌트카 예약을 해두었다. 토리노에서 예약한 베네치아행 비행기를 타기 하루 전, 토리노 행사 관계로 일이 하나 터졌다. 도저히 여행을 계속할 수 없는 상황이라 이후 모든 일정을 취소하고 급히 귀국길에 올랐다. 많은 페널티를 물고 포기한 데다 부푼 꿈을 안고 계획한 여행을 취소하니 기분이 허탈하기만 했다. 귀국행 비행기 안에서 쓰라린 마음을 달래던 기억이 새록새록 돋아난다.

'초원의 봉우리'에 가다

그 아픔을 달래기 위해 3년 전 다시 한번 마터호른에 도전했다. 순전히 마터호른에 가기 위해 스위스 여행길에 몽트뢰Montreux로 갔다. 거기서 2박을 머물면서 하루를 마터호른에 할애하기로 했다. 몽트뢰에서 체르마트까지 그 멋있는 길을 드라이브해 스위스 풍경을 한껏 즐겼다. 체르마트에 도착하자마자 역무원에게 "어디로 가야 마터호른을 볼 수 있나요?" 하고 물었는데, 돌아오는 답변이 가슴을 철렁하게 했다. "오늘은 날씨가 나빠 마터호른을 볼 수 없답니다." 역무원의 청천벽력 같은 단호한 한마디! 이때의 절망감이란? 마터호른을 보기 위해 천리 만리 대한민국에서 여기까지 찾아왔건만!

마터호른 Matterhorn

 일회용 우산 하나씩 들고 안개비가 보슬보슬 내리는 희뿌연 체르마트 골목길을 추적추적 걸어가는 우리의 뒷모습이 어땠을까? 그래도 미련이 남아 빗길을 하염없이 걸어 산 밑을 향해 오르고 오르고 또 올랐다. 산자락 밑등걸에 서서 아무리 쳐다봐도 희끄무레한 거대한 실루엣만 눈앞에 아른거릴 뿐 장대한 모습은 끝내 볼 수 없었다. 이 골목 저 골목 체르마트만 휘젓다가 다시 기차에 올랐다.

"내일은 날씨가 괜찮다는 예보인데, 아침 일찍 오면 볼 수 있을 것 같습니다."
다시 마주친 역무원이 안타깝다는 듯 말해주었다.
"감사합니다. 다음 기회에 꼭 다시 오렵니다."
 참 체르마트는 일반 자동차로 갈 수 없는 지역이다. 차를 갖고 가더라도 태시Täsch라는 곳에 주차를 해놓고 체르마트행 전용 기차를 이용해야 한다. 이때는 몽트뢰에서 차로 태시까지 와서 이곳에 주차한 후, 기차를 이용해 체르마트에 왔다.

'초원의 봉우리'에 가다

마터호른 Matterhorn

'초원의 봉우리'에 가다

 두 번의 도전은 그렇게 아쉬움으로 남았다. 이번에는 절대 실패하면 안 된다. 아쉬움을 남기면 안 된다. 하여 도착하자마자 좋은 날씨를 놓칠세라 곧바로 고르너그라트행 기차를 탄다. 지리산 천왕봉에서 일출을 보려면 3대가 덕을 쌓아야 한다는데, 세 번만의 성공이다. 3대에 이르는 덕을 쌓았나 보다. 너무 쾌청하고 티 하나 없는 그대로의 장엄한 모습을 내게 보여주고 있다.

마터호른 Matterhorn

 주먹을 힘껏 쥐고 하늘을 향해 뻗은 엄지 같기도 하고, 등허리 굽혀 하늘을 날기 위해 비상을 준비하는 내 몸통 같기도 하고, 우주를 집어삼키려는 듯 웅크린 채 힘 쓰는 한 마리 독수리 같기도 하고, 태양의 빛 그 원천을 훔치러 가려고 포효하는 로켓 같기도 하고, 태곳적 신비를 받아 내리려 기도하는 피라미드 같기도 한, 한 덩이 커다랗고 장대한 바위가 지구의 전령이 되어 천상에 우뚝 버티고 서 있다.

'초원의 봉우리'에 가다

 뛰는 가슴을 부여잡고 영봉을 안아본다. 모든 것 벗어던지고 있는 그대로 적나라한 모습으로 내게 안겨온다. 품에 안고 깊은 입맞춤을 보낸다. 무엇으로도 감동을 표현할 방법이 없다. 그저 한동안 함께 호흡하고, 서로 바라보고, 그러다 그냥 웃는다.

마터호른 Matterhorn

 갑자기 유치환 시인의 '그리움'이란 시가 떠오르면서 크게 소리치고 싶어진다. 그분의 시는 '파도야 어쩌란 말이냐'로 시작되지만, 여기서는 왠지 바람에게 소리쳐 묻고 싶다.

> 바람아 어쩌란 말이냐
> 바람아 어쩌란 말이냐
> 마터는 산같이 꿈쩍 않는데
> 바람아 어쩌란 말이냐
> 날 어쩌란 말이냐

 널찍한 터전에 1500m 큰 키로 우뚝 솟은 녀석. 바람이라도 세차게 불어와 저 덩치 큰 녀석을 내 앞에 성큼 가져다주면 좋으련만. 바람도 잦아들어 그 녀석 몸 내음도 맡을 수 없으니 '날 어쩌란 말인가' 소리치고 싶었다.

'초원의 봉우리'에 가다

마터호른 Matterhorn

 고르너그라트역에 내려 전망대까지 조금 걸어 올라간다. 더 넓은 세상을 본다. 뒤편으로 펼쳐진 산맥의 모습도 장관이다. 어느 한 봉우리 놓칠 수 없는 봉우리의 연속이다. 그 많은 봉우리 중에서도 빼어남이 으뜸이니 알프스 3대 영봉이 아니겠는가.

 마터호른은 높이 4478m로 스위스와 이탈리아의 국경에 자리 잡고 있다. 체르마트에서 남서쪽으로 약 10km 떨어져 있다. 국경 지대에 자리하다 보니 나라마다 불리는 이름이 제각각이다.

 이탈리아에서는 체르비노Cervino산, 프랑스에서는 세르뱅Cervin산이라고 한다.

'초원의 봉우리'에 가다

전망대에서 동서남북 사방을 휘둘러 구경하고 다시 역으로 향한다. 천천히 걷다 보니, 조그만 교회 건물이 보인다. 성당인지 교회인지는 모르겠지만 이곳에 들러 잠깐 기도드려 무사 여행을 기원해본다. 다시 눈을 돌리니 전시장 같은 건물이 보인다. 마터호른에 얽힌 역사를 유품·유물과 함께 전시해놓은 기념관 같은 곳이다.

마터호른 Matterhorn

 박물관에는 최초의 등정가 에드워드 휨퍼Edward Whymper라는 영국 탐험가가 남긴 1865년의 발자취에서부터 최초의 여성 등정가, 최초의 신혼여행 등반가, 행글라이더에 처음 성공한 사람, 최초로 스키 타기에 성공한 사람 등 많은 이의 기록과 역사가 전시돼 있었다.

'초원의 봉우리'에 가다

 가슴 설레던 마터호른을 보고 이제 하산을 서두른다. 세 번째 도전이 이렇게 감동적일 줄이야 누가 알았겠는가. 지난 두 번의 실패는 역시 이 세 번째 감동을 갈무리해주려는 신의 계시였던 모양이다. 이렇듯 깔끔하고 장엄한 모습을 선사해준 신의 섭리에 감사한다. 자연이 경이롭고 감탄스러운 창조물일진대, 그 자연스러움을 고스란히 간직해온 마터호른에도 감사한다.

마터호른 Matterhorn

숙소에 도착하니 벌써 저녁 시간이다.

"솔아, 마트에서 시장 봐왔어? 먹고 싶은 거 다 사오지 그랬어."

"하삐, 오늘 구경은 어땠어요? 우리는 동네 구경도 하고 마트에도 가고 좋았는데."

"그래 우리도 너무 좋았어. 하삐는 소원을 풀어서 정말 최고였단다. 솔이도 내일은 구경 가야지, 오늘 푹 쉬고. 아마 오늘도 아침 일찍부터 기차 여행을 해서 피곤할 거야. 빨리 저녁 먹고 푹 쉬자."

숙소가 너무 포근해서 마치 우리 집 같았다. 솔이도 마음에 들어하는 눈치다.

'초원의 봉우리'에 가다

오늘은 약간 어려운 여정이었다.

솔이 아빠가 프랑크푸르트를 거쳐 귀국해야 해서 새벽 6시에 벤겐을 출발했다. 배웅하기 위해 일찍 일어났더니 눈꺼풀이 무겁다. 우리도 아침 9시 30분에 벤겐을 출발해 라우터브루넨에서 기차를 바꿔 탄다. 인터라켄 동역에서 11시에 다시 기차를 바꿔 타고 11시 21분 슈피츠에 도착해 가방을 끌고 지하 통로를 거쳐 다른 플랫폼으로 이동해 11시 36분 기차를 또 타야 한다. 그래도 14분 정도 여유가 있어 다행이었다. 다시 12시 2분에 비스프Visp역에 도착해 6분여의 짬만 가지고 다른 플랫폼에서 12시 8분에 출발하는 체르마트행 열차를 탄다. 짧은 시간 동안 네 번의 기차 환승을 거쳐 13시 14분 체르마트에 도착한 것이다.

이런 일정을 소화했으니 솔이가 피곤한 것도 당연하다.

마터호른 Matterhorn

"솔아, 오늘은 피곤할 테니 일찍 자고 내일 또 일찍 일어나 마터호른 산봉우리 구경 가자. 너도 좋아할 거야. 거기 호수가 있는데, 거기서 수영도 할 수 있대."
"나는 아까 쉬어서 피곤하지 않은데, 하삐 함미가 피곤한가 봐. 〈금강경〉 얘기 조금 듣고 자고 싶은데."

'초원의 봉우리'에 가다

"그래, 오늘은 조금만 얘기해줄게. 하삐가 좀 피곤하거든."
"응, 알았어요."
"지난번 부처님이 누구를 도와주거나 설법을 베풀 때는 아무 생각 없이 베풀어야 한다고 말씀하셨다고 했지? 그런데 부처님이 제자 수보리에게 물어보는 거야. '수보리야, 만일 어떤 사람이 귀한 보석을 한 보따리 쌓아놓고 보시를 한다면 그 사람은 많은 복을 받겠느냐?' 수보리가 대답했지. '그럼요, 많은 복을 받을 것입니다.'"

마터호른 Matterhorn

若人 滿三千大千世界七寶 以用布施 是人所得福德 寧爲多不?
약인 만삼천대천세계칠보 이용보시 시인소득복덕 영위다불?

甚多 世尊
심다 세존

'만일 어떤 사람이 삼천대천세계에 칠보로 가득 채워 보시한다면
이 사람이 얻는 복덕이 많지 않겠느냐?

매우 많습니다. 세존이시여!'

〈금강경〉 원문

'초원의 봉우리'에 가다

"부처님은 수보리의 대답을 듣고 '맞다'고 하시면서 '그런데 만일 어떤 사람이 이 〈금강경〉이나 이 〈금강경〉 안에서 매우 중요하다고 하신 말씀을 받아 다른 사람에게 알려준다면 이 〈금강경〉의 내용을 알려줄 때 받는 복이 아까 말한 보석을 쌓아주고 받는 복보다 훨씬 더 큰 복을 누릴 것이다'라고 말씀하셨단다. 그러니까 물질적인 베풂도 좋은 일이지만 남을 깨우쳐서 부처님처럼 좋은 사람이 될 수 있도록 인도하는 것이 더 빛을 발하는 베품이라는 뜻인 것 같은데. 하삐도 어려우니 여기까지 하고 더 공부해볼게. 오늘은 이만 끝!"

마터호른 Matterhorn

若復有人 於此經中 受持乃至四句偈等
약부유인 어차경중 수지내지사구게등

爲他人說 其福 勝彼
위타인설 기복 승피

'만일 어떤 사람이 이 경 가운데 내지 사구게 등을 받아 지니고
다른 사람을 위해 일러주면 그 복이 저 복보다 더 뛰어나리라.'

〈금강경〉 원문

'초원의 봉우리'에 가다

뜻깊고 감명 깊었던 하루가 저물어간다. 내일 또 다른 마터호른의 얼굴과 자태를 보러 가기 위해 휴식을 취한다. 더 맛깔스러운 마터호른을 위해 Good Night!

마터호른 Matterhorn II

마터호른 Matterhorn II
'황금호른', 노다지를 캐다

'골든호른Goldenhorn'.

황금빛으로 붉게 물든 마터호른이다.

알프스 준령에서 '황금 바'를 캔다. 시쳇말로 대박이다.

마터호른이 이 같은 변신으로 나를 깜짝 놀라게 할 줄은 몰랐다. 체르마트 다리 위에 서서 한 땀 한 땀 피어오르는 아침의 황금호른을 바라본다. 성스러운 빛이 땅에서 불끈 솟아 온박음질로 세상을 밝혀 온다.

'명출지상明出地上 자소명덕自昭明德'이라더니, 땅에서 우뚝 솟아 스스로 밝은 빛을 비춰 온 누리를 품는다.

마터호른 Matterhorn II

 오늘은 솔이를 데리고 마터호른에 가기로 했다. 일찍 일어나 5시 조금 지나 새벽 산책을 나간다. 체르마트 동네에 흐르는, 만년설이 녹아내린 냇물 소리가 너무 좋았다. 졸졸졸 물 흐르는 소리를 들으며 마냥 걷고 싶기도 하고, 어제 저녁에 봐둔 베이커리에 가서 맛있는 빵도 사고 싶었다. 숙소에서 나와 냇가로 나가보니 200m 정도 떨어진 다리 위에 사람들이 왁자지껄 모여 있다. 사실 우리 숙소는 냇가 바로 옆에 있는 펜션이다. 무슨 일일까, 이 새벽에?

 중국 관광객 100여 명이 가이드의 안내를 받으며 나와 있었다. 멀리 마터호른을 보면서 뭔가를 기다리는 모습이다. 다가가 물어보니 일출을 보러 이른 새벽에 나왔고 했다.

 아차 싶어 부랴부랴 펜션으로 뛰어가 카메라를 들고 후다닥 다리 위로 내달린다. 먼저 와서 자리 잡고 있는 중국 관광객 틈을 비집고 들어가 마터호른의 늠름한 자태가 제일 잘 보이는 곳에 버티고 선다. 새벽 공기에 짓눌린 듯 숨 소리조차 멎었나 싶을 만큼 사위가 조용하다.

'황금호른', 노다지를 캐다

 순간 '와아!' 하고 탄성과 함성이 뒤섞여 터져 나온다. 어스름한 빛 속 침묵하던 저 '뿔각' 위 한 점 붉은 금싸라기가 튀어 보인다.
 어디에서 연유한 한 줄기 빛이던가. 살금살금 한 올 한 올 뜸을 떠서 펼쳐온다. 점에서 시작된 빛이 점점 한 주먹으로, 한 아름으로 다가온다. 거대한 기둥은 마침내 온 누리에 환한 황금빛을 흩뿌린다. 태초 우주에 빛이 내려 천지를 밝힐 때 이처럼 고요하고 신비롭고 황홀했으리라. 우주에서 광명이 내려 생명을 탄생시킨 '태초'의 모습이 이러했으리라.

우주 탄생의 신비를 본다.

마터호른 Matterhorn II

'황금호른', 노다지를 캐다

마터호른 Matterhorn II

진묵 대사의 한시 한 수를 호기롭게 읊으면서 아침 황금 캐기를 마친다.

> 天衾地席山爲枕천금지석산위침
> 하늘과 땅은 이부자리 산은 베개인데
>
> 月燭雲屛海作樽월촉운병해작준
> 달 촛불 구름 병풍에 바닷물은 한 동이 술이로세
>
> 大醉居然仍起舞대취거연잉기무
> 대취해서 일어나 더덩실 춤을 추노라니
>
> 却嫌長袖掛崑崙각혐장수괘곤륜
> 이 내 긴 장삼 소매 곤륜산에 툭툭 걸리도다

팔을 펴서 휘이휘이 내저으니 내 긴소매가 마터호른에 툭툭 걸리는도다!

새벽 산책이 뜻하지 않은 횡재를 안겨줬다. 평소 새벽마다 한강 둔치를 걷는 습관이 가져다준 행운이다. '일찍 일어나는 새가 벌레를 잡는다'는 속담을 실감하면서 'The early bird catches the worm'이라고 영어로도 되뇌어 본다. 뜻하지 않게 황금호른을 캐어 담은 뒤 뿌듯한 마음으로 식사를 마치고 솔이와 함께 수네가Sunnegga로 간다.

'황금호른', 노다지를 캐다

마터호른을 가까이에서 보는 방법은 두세 가지가 있다. 그중 하나가 어제 간 고르너그라트에서 웅장한 모습을 대면하는 것이다. 또 하나가 오늘 가려는 수네가에서 다섯 개의 호수를 트레킹하며 멀리서 마터호른의 전체 모습을 바라보는 것이다.

오늘 그 두 번째 5대호 트레킹을 맛보러 간다.

마터호른 Matterhorn II

 어제는 산악 기차를 타고 40여 분을 올라갔지만, 오늘은 푸니쿨라를 탈 예정이다. 푸니쿨라 타는 곳은 마을 한쪽 산밑 한적한 곳에 자리 잡고 있다. 푸니쿨라는 기차 같은 케이지를 케이블로 끌어 올려 운반하는 교통수단이다. 엔진 소리도 없이 아주 쾌적하게 2258m의 수네가에 금세 다다른다. 수네가는 푸니쿨라 종점이면서 산장과 카페를 겸해 운영하고 있다. 이곳이 바로 2000m가 넘는 고원에 형성된 호수 다섯 개를 돌아볼 수 있는 트레킹 코스 출발점이다. 전체 5대호 걷기 트레킹 길이가 9km를 조금 넘는다고 하니 족히 한나절은 잡아야 차분히 구경할 수 있을 듯하다.

'황금호른', 노다지를 캐다

 수네가에서 시작되는 다섯 개의 호수 길Five lakes walk, 5-See weg 트레킹의 첫 번째는 슈텔리제Stellisee 호수 2485m에 자리 잡고 있다. 가장 높은 곳에 위치한 슈텔리제를 보고 차례로 걸어가보기로 마음을 다잡아본다. 다음은 2313m에 자리한 그린드예제Grindjesee 호수다. 이어서 그륀제Grünsee 호수 2301m, 다음으로 모스이제Moosjisee 호수로 2152m, 마지막으로 라이제Liesee 호수가 2228m, 수네가역 바로 아래 위치하고 있다.

마터호른 Matterhorn II

 솔이가 수네가역에 도착해 "하삐, 나는 여기 아래 호수에서 놀고 있을 테니까 함미하고 다섯 개 호수 다녀오면 안 돼요?"라고 묻는다. 라이제 호수는 역에서 엘리베이터를 타고 내려갈 수 있는데, 아이들이 놀 수 있도록 개방한다. 그래서 다시 손주 녀석과 잠깐 헤어져 또 둘만의 오붓한 트레킹을 시작한다.

'황금호른', 노다지를 캐다

슈텔리제 호수까지는 수네가역에서 다시 케이블카를 타고 블라우헤르트Blauherd까지 올라가야 한다. 물론 호수를 반대로 돌아 라이제 호수에서 출발해 모스이제 호수로 내려가 거슬러 올라오는 코스를 택할 수도 있다. 우리는 케이블카로 블라우헤르트까지 가서 거기서부터 트레킹을 시작하기로 했다. 대부분 이 코스를 더 선호하는 것 같다.

마터호른 Matterhorn II

 블라우헤르트에 내려 밖으로 나서자마자 건너편 마터호른이 반갑게 다가선다. 어느새 황금 옷을 갈아입고 새파랗게 펼쳐진 푸른 잔디, 형형색색의 산꽃과 어우러져 본연의 아름다움을 뽐내고 있다. 마침 한국 아가씨를 만났다.
"아이구, 한국에서 오셨나 봐요? 정말 반갑습니다. 이렇게 두 분만 오셨나요?"
"아 네, 딸과 손녀랑 함께 왔는데 애가 라이제 호수에서 놀겠다고 해서 우리 둘만 왔네요. 아가씨는 한국에서 왔나요?"
"저는 스페인에서 왔답니다."
"스페인에 거주하나 봅니다."
"스페인에서 게스트하우스 같은 숙박업을 하고 있어요. 요즘 비수기라 꼭 한번 오고 싶었던 이곳에 혼자 왔습니다."

'황금호른', 노다지를 캐다

머나먼 이국땅에서 장한 한국인을 만나니 괜스레 뿌듯하고 자랑스러웠다.

"저는 이 호수 하나만 보고 내려가서 다른 곳도 돌아보려고 해요. 이 호수가 대표적이거든요. 제가 함께 가면서 두 분 사진도 찍어드리고 할게요."

나그네 한 명과 합류해 이번에는 셋이서 오순도순 사진 찍기를 주거니 받거니 하면서 가볍게 거친 길을 걷는다. 여행의 재미랄까, 묘미랄까. 낯선 이를 길에서 만나 도란도란 이야기를 나누며 함께 걷는다는 것이야말로 여행의 백미가 아닐까.

그래서 인생도 '나그네 길'인가? 시간 가는 줄 모르고 걷다 보니 어느새 호수에 도착했다.

와, 저 멀리 보이는 마터호른이 내 발밑 호수에 잠겨 있다니!

마터호른 Matterhorn II

 호수에 도착하니 벌써 많은 사람들이 호숫가를 맴돌고 있었다. 슈텔리제에서 보는 호수에 비친 마터호른이 명품 중의 명품이라고 한다. 도착하자마자 호수의 얼굴부터 살핀다. 어이쿠. 살랑살랑 불어오는 바람결에 잘랑잘랑 잔물결이 일렁인다. 망했구나 싶다. 도착한 곳 호수의 초입에서 볼 때 반영은커녕 물속의 수초도 볼 수 없었다. 난감했지만 그래도 여기까지 왔으니 호숫가를 한 바퀴 산책하기로 했다. 한참을 걸어가는데, 앞서 가던 스페인 친구가 외친다.
"아저씨, 빨리 와보세요. 밑부분은 잘려 나갔지만 반영이 나타나고 있어요."
부리나케 가본다.
"와, 마터호른이다!"

'황금호른', 노다지를 캐다

마터호른 Matterhorn II

 산 아래 잔잔한 호수 속에 장대한 마터호른이 떡하니 버티고 있다. 정말 행운의 연속이다. 이렇게 맑은 날씨에 이어 잔잔한 호수에 잠긴 마터호른을 볼 수 있다니. 황금호른을 마주한 것만으로도 감사한데. 이리저리 자리를 옮겨가면서 신나게 이 모습도 담고 저 모습도 담아본다.

'황금호른', 노다지를 캐다

 우연히 만난 길손과 셋이서 번갈아가며 두 개의 마터호른을 찍어준다. 한참 동안 넋을 잃고 호숫가를 맴돌다 다시 정신을 가다듬고 다음 장소로 향한다.

"두 분, 남은 여행 즐겁게 하시고 건강하세요. 저는 여기서 내려가려고요."

"그래요. 여행 즐겁게 하고 스페인에서 사업도 번창하길 바라요. 너무 장하시네요, 잘 가요!"

마터호른 Matterhorn II

 혹시 더 좋은 반영이 나타나지 않을까 하는 기대감에 자꾸 뒤돌아보면서 슈텔리제 호수를 떠났다. 다음 호수로 가는 길에 아내가 이정표 앞에서 한참을 서성인다. 그린드예제 호수로 바로 가느냐, 아니면 솔이가 놀고 있을 라이제 호수로 가면서 잠깐 들러 솔이를 볼 것인가? 선택의 기로에서 망설여지는 건 당연하다. 한참을 망설이다 결국 솔이를 보러 가는 가장 빠른 방법을 택하기로 했다. 그래서 택한 길이 가파른 낭떠러지 길이다.

'황금호른', 노다지를 캐다

 길을 걸으면서 바라다보이는 마터호른이 어머니의 포근한 품같이 든든하고 아늑해 보인다. 걷는 내내 사진을 찍는 나에게, "여보, 낭떠러지야 조심해. 저쪽 끝으로 가까이 가지 말고 이 쪽 산 쪽으로 붙어서 찍어."
"알았어, 조심할 테니 걱정 말고 당신이나 조심해."
 서로 조심하라고 주의를 주면서 산골 평원 비탈길을 조심스럽게 걷는다.

마터호른 Matterhorn II

 어머니 품속 같은 포근함으로 다가오는 마터호른을 감싸 안으면서 힘차게 소리를 지른다. 언젠가 만주의 삼강평원三江平原 끝자락에 서서 목청껏 외친 이육사의 시 '광야曠野'를 다시 한번 힘차게 토해내고 싶다.

까마득한 날에
하늘이 처음 열리고
어데 닭 우는 소리 들렸으랴

모든 산맥들이
바다를 연모戀慕해 휘달릴 때도
차마 이곳을 범犯하던 못하였으리라

끊임없는 광음光陰을
부지런한 계절이 피어선 지고
큰 강물이 비로소 길을 열었다

지금 눈 내리고
매화 향기 홀로 아득하니
내 여기 가난한 노래의 씨를 뿌려라

다시 천고千古의 뒤에
백마白馬 타고 오는 초인超人이 있어
이 광야曠野에서 목놓아 부르게 하리라

이육사 '광야'

'황금호른', 노다지를 캐다

마터호른 Matterhorn II

 초등학생 때처럼 봄 소풍을 기다리는 설렘과 즐거운 마음으로 팔짝팔짝 길을 걷다 보니 발밑으로 파르스름한 회청록색의 조그만 호수가 내려다보인다. 그린드예제 호수다. 아주 조그만 호수가 갓 녹아내린 만년설의 설수를 받아 갈무리해서인지 물빛이 회색이다. 한참을 내려다보면서 또 한 번 갈등한다. 내려가볼까, 아니면 조금 봤으니 그냥 바로 솔이한테 갈 것인가?
 결국 솔이를 핑계로 다시 발걸음을 재촉한다. 가끔 마주쳐 오는 트레커들과 눈빛으로 '하이Hi!' 한마디로 즐겁게 인사를 나누며 산길을 걷는다.

'황금호른', 노다지를 캐다

몇 갈래 길로 갈라진 이정표가 나온다. 또 선택의 기로에 놓인다. '선택'이 이렇게 싫다는 생각을 처음 해본 것 같다. 지금까지 살아온 인생이 모두 선택이었을 텐데, 왜 이제야 그걸 깨달은 걸까.

그동안 내게 선택다운 선택을 해볼 기회가 없었단 말인가? 있었는데 그때는 자신감으로 막 선택했다는 말인가? 미국의 시인 로버트 프로스트Robert Frost의 〈가지 않은 길〉에서처럼 어차피 인생은 선택의 길을 걸어왔을 텐데. 젊음이 선택을 쉽게 해주었던가. 그러면 지금은 나이 탓에? 선택의 갈림길에서 자꾸 망설이는 연유가 무엇일까. 과감하게 결정하자. 그리고 책임을 지자! 마터호른 산책길에서 다잡은 마음을 추스르며 또다시 그 길을 간다.

마터호른 Matterhorn II

 세 번째 호수 그린제를 또 내려보면서 라이제 호수에서 기다리고 있을 솔이를 향해 재촉한다. 모스이제 호수와 가까이 가보지 못한 호수들은 또다시 다음 기회로 미루어놓는다. 많은 갈림길에서 이 길 저 길로 걷다가 잘못된 길 같으면 서슴없이 뒤돌아서고 또 선택해 걷다가 아니다 싶으면 발길을 돌려 바로잡아가면서 드디어 솔이가 있는 라이제 호수에 도착했다. 수영도 하고 놀이터도 있는 2228m의 다용도 호수다.

'황금호른', 노다지를 캐다

점심때가 조금 지났다. 솔이는 아직도 친구들과 함께 호수에서 놀고 있다. 겨우 불러내 미리 준비한 빵, 햄, 채소 등으로 점심을 간단히 먹는다.

"솔아, 오늘도 재미있었어? 알프스에서 수영장을 두 번씩이나 경험했네."

"응, 아주 재미있게 놀았어. 벌써 친구를 셋이나 사귀었어요! 한국에서 놀러 온 친구들인데 한 아이는 친구고, 다른 애는 동생이야. 그리고 또 한 친구는 부모님이랑 온 것 같아요."

"그래, 좀 쉬었다가 더 놀고 내려가자꾸나. 점심을 이제 막 먹었으니 좀 쉬어라."

마터호른 Matterhorn II

"하삐, 쉬면서 〈금강경〉 얘기해주면 안 돼요?"
"피곤할 텐데, 괜찮겠어?"
 마터호른을 바라보면서 〈금강경〉을 얘기하는 것, 이 또한 의미 있을 것이다.

'황금호른', 노다지를 캐다

"솔아, 사람들은 세상을 살아가면서 어떤 물건이나 어떤 사람을 볼 때 자기 생각만으로 그것이 옳다고 주장하거나 판단하지. 너도 생각해봐. 혹시 학교에서 네 옆에 앉은 짝이 예뻐, 아니면 안 예뻐? 꼭 진짜 어떻다고 얘기하지 않아도 돼. 그냥 예를 들어 말해봐."

"음, 예쁜 편은 아닌데 왜?"

"그래? 그럼 솔이 생각에 친구 엄마는 그 애가 예쁘다고 할까, 아니면 너처럼 예쁜 편은 아니라고 할까? 또 다른 반 친구들은 그 아이를 예쁜 편은 아니라고 할까?"

"아니지, 당연히 친구 엄마는 자기 딸이니까 예쁘다고 하겠지. 그리고 다른 아이들도 그 친구와 친한 애들은 예쁘다고 생각하지 않을까요? 엄마?"

마터호른 Matterhorn II

"그래서 말인데, 누구를 보고 또 그 무엇을 보고 예쁘다 안 예쁘다 하는 것은 다 개인의 생각일 따름이라는 거지. 그 사람이 자기 마음에 세워놓은 자기만의 기준으로 판단한 거야. 바로 그 자기만의 판단 기준을 부처님은 상이라고 하시면서 그 상에 집착하는 것을 버려야 진정한 맑은 마음을 가질 수 있고, 그러한 청정한 마음을 가져야 참된 자유와 행복을 누릴 수 있다고 말씀하신 거야!"

"그럼 예쁘다, 안 예쁘다 판단하지 말라는 뜻이에요? 그러면 어떻게 살아가라고? 어려운데, 이해도 안 되고."

'황금호른', 노다지를 캐다

"너 오늘 점심은 맛이 있었어, 없었어? 나는 별로 맛이 없었는데, 아마 솔이는 맛있었을 거야. 맛이 있다 없다 판단하는 것도 자기 기준에 의한 판단일 뿐이지. 그래서 이렇게 자기가 세운 판단 기준 즉 상에 너무 집착하게 되면 욕심이 생기고 욕심이 생기면 다른 사람에게 피해를 주더라도 내 욕심을 채워야겠다는 생각에 사로잡혀 무슨 일이라도 저지르게 되지. 그래서 부처님은 이러한 상에 너무 집착하지 말고 저마다 끼고 있는 색안경을 벗고, 세상을 있는 그대로 볼 수 있도록 해야 한다고 말씀하신 거야."

마터호른 Matterhorn II

"참으로 자유롭고 행복한 사람이 되려면 어떠한 상도 지워버리고, 무엇에도 집착하지 않는 걸림 없는 마음을 가져야 한다는 말씀이다. 이렇듯 집착이 없는 청정한 마음을 가지면 사람들 모두의 마음이 편안하고 서로 사랑하며 다투지 않고 서로 돕는 밝은 세상이 된다고 하셨단다. 그 무엇에도 집착이 없는 마음속에 청정한 마음이 생긴다고 하신 부처님의 말씀이 〈금강경〉의 또 다른 주옥같은 말씀이야."

'황금호른', 노다지를 캐다

應如是生淸淨心 不應住色生心 不應住聲香味觸法生心
응여시생청정심 불응주색생심 불응주성향미촉법생심

應無所住 而生其心
응무소주 이생기심

'응당 이와 같이 청정한 마음을 내되,
색에 머물러 마음을 내지 말며,
소리와 향기와 맛과 감촉과 법에 머물러 마음을 내지 말지니,

마땅히 머무는 바 없이 그 마음을 낼지니라.'

〈금강경〉 원문

마터호른 Matterhorn II

 2228m 산상 호숫가에서 손녀와 〈금강경〉얘기에 취하는 것도 아주 특별하고 의미 있는 일이라는 생각이 든다. 다시 솔이는 그날 사귄 친구들과 어울려 호수 위로 내달린다. 아이들이 뛰어놀고 있는 모습이 순박하고 천진스럽다. 서로에게 무엇을 바라지도 않고, 누가 누구인지 사람 됨됨이에 대한 편견도 없고, 방금 사귀어 좋고 나쁘고 기준을 세우지도 않고 산바람에 묻어오는 꽃 내음을 맡으며 사랑스럽게 노니는 저들이 바로 부처님의 '청정심' 자체가 아닐는지 생각해본다.

'황금호른', 노다지를 캐다

 오후 느지막이 수네가를 내려온다. 세 번째 도전에 마터호른을 완전 정복한다. 물론 완벽하지는 않지만 '늘 여행에서는 아쉬움 하나 정도는 남겨야 다시 오는 기회를 잡는다'는 섭리에 기대본다. 체르마트로 돌아와 시내를 구경하기로 했다. 내일 아침 일찍 이곳을 떠나야 하기에. 북적대는 길거리를 거닐다 보니 '여기도 중국인 천지구나' 싶다.

마터호른 Matterhorn II

 오늘 저녁은 성찬을 마련해야겠다. 점심이 시원찮은 데다 우리도 많이 걸었지만, 특히 물놀이한 솔이가 몹시 배고플 것이다. 어릴 적 내 경험으로는 물에서 놀다 나오면 왜 그리도 배가 고프던지. 아마도 에너지 소모가 많기 때문일 것이다. 그 경험을 되짚어서라도 오늘은 스테이크로 보신을 해줘야겠다.

'황금호른', 노다지를 캐다

"솔아, 오늘은 저녁 먹으면서 하삐가 우리 솔이에게 꼭 들려주고 싶은 동시가 있는데, 들어보련?"
"뭔데요? 하삐가 좋아하는 시야?"
"내가 좋아하는 시이기도 하지만, 오늘 보고 온 마터호른의 느낌이 옛날 하삐의 엄마를 생각나게 해서 우리 솔이한테도 들려주고 싶은 거야."

마터호른을 바라보면서 걷는 내내 입으로 조금씩 읊어본 동시다. 솔이에게도 꼭 들려주고 싶었는데, 어렵게 찾아 완판으로 읊조릴 수 있게 됐다.

마터호른 Matterhorn II

어머니는 언제나 그러셨어요
내가 어렸을 적에
따뜻한 아랫목엔
나를 재우고
어머니는 윗목에
누우시면서
'나는 시원한 데가 좋단다'

어머니는 언제나 그러셨어요
내가 어렸을 적에
구운 생선 살코기는
나만 주시고
어머니는 뼈다귀만
빠시면서
'나는 생선뼈가 맛있단다'

엄기원 '어머니는 언제나'

'황금호른', 노다지를 캐다

 나중에 기회가 되면 다섯 개 호수를 모두 거닐어보고 싶다. 언제까지나 잊히지 않을 정말 아름다운 곳, 체르마트. 시내를 걷다 보니 한가운데에 공동묘지가 있다. 이곳을 탐험하다 먼저 간 이들, 이곳을 사랑하다 생을 마친 이들을 기리는 묘를 잘 가꿔놓아 찾는 이를 숙연하게 한다.

마터호른 Matterhorn II

 후련한 마음 반, 아쉬운 마음 반 남기며 마터호른을 떠날 시간이 다가온다. 스위스 알프스에서의 마지막 밤이다.

Bye Bye Zermatt,

Adieu Matterhorn!

'황금호른', 노다지를 캐다